JN218198

10のスキルで防ぐ！

「不適切保育」脱却
ハンドブック

菊地奈津美・河合清美 著

園で役立つ
知識と
あの手・この手

中央法規

はじめに

　前書『言葉かけから見直す　「不適切な保育」脱却のススメ』は、予想を超える反響をいただきました。

　お手にとって読んでくださった方から、「現場の目線で共感できる内容でした」「保育園で必要なことのすべてが書いてありました」などの声が届きました。さらには「園内研修で活用しました」「職場の同僚にも薦めました」など、周りの職員と分かち合っている様子を報告してくださった方もいました。

　全国によりよい保育を目指す多くの仲間がいることを実感し、その一人ひとりが保育現場で日々試行錯誤しながらも活躍していることを知り、私たちのほうがたくさんの勇気をいただいています。本当にありがとうございます。

　その中で、「もっと具体的に"どのようにかかわればよいのか"を知りたい」「周りの職員と具体的にイメージを共有したい」など、さらなる一歩を求める声も寄せていただいています。一方で、不適切な保育が話題になることで、子どもの姿につい苛立ちを感じてしまう自分の保育に「このままでよいのだろうか?」と不安に感じている声も届いています。

　令和5年5月、こども家庭庁より『保育所等における虐待等の防止及び発生時の対応等に関するガイドライン』が発出されたことにより、それまで「正解はない」と言われて曖昧になっていたことに対して「不適切」はあるということが明確になりました。不適切な保育という言葉と事象ばかりが世間では話題になり、「自分の保育は大丈夫か?」と迷いや不安の中にいる方も多いのではないでしょうか。

　保育は見方によっては厳しいものです。子どもの命を預かる専門職として、手を抜くことも、子どもに無理をさせることも、短縮することもできません。「私はこれが苦手…」「今日は何だかイライラする」など、人間として誰もがもつ個性や感情を言い訳にすることができません。頭でわかっていても、思うようにならないことにたくさんぶつかりま

す。理想と現実の間で不安や苛立ちは大きくなってしまいます。それを乗り越えていくために現場の保育者に必要なのは、技術的な（本書では主に言葉の使い方）「スキルアップ」をしていくことと、基本的な考え方「マインドセット」を問い直してみることです。それが保育にゆとりを生み出す力となります。

スポーツ選手もアーティストも技術職もみんな、実践を通じて自分を磨きスキルアップをしていきます。それは決して楽なことばかりではないでしょう。日々の実践の中で、うまくいかなくて迷ってしまう状態に出会うときは、自分の中で摩擦が起きているときです。摩擦は自分を磨き上げるために必要な条件であり、スキルアップの原動力になるのです。毎日生じる小さな摩擦をそのままにせず、自分を活かすチャンスととらえて振り返れば、目の前の子どもから学ぶことはたくさんあるのです。

本書では、基本的なスキルアップのポイントを10のテーマに整理し、適切なかかわり「あの手・この手」の実践例を現場で活躍する仲間から声として集め、イメージしやすいように表現してみました。また、マインドチェンジ（視点の転換）について保育所保育指針等を参考にしながら、私たちなりの考えをまとめました。

完璧な保育は存在しません。人間としての感情があるからこそ、苛立つ日も楽しい日もあります。「楽しい＝〇、苛立ち＝×」ではなく、「楽しい＝自分が一歩前進した瞬間、苛立ち＝スキルアップポイントを発見した瞬間」です。

楽しいことも、苛立つことも毎日の保育の中に実にたくさんあります。その一つひとつが学びの種なのです。

本書が、それらを整理していく手がかりや次の実践のヒントなどになれば幸いです。また、一緒に働く周りの人とイメージを共有していく一つの材料となり、保育の悩みも喜びも分かち合っていくような架け橋になればと願っています。

2024年8月

NPO法人こども発達実践協議会　河合　清美

はじめに

第1章
ガイドラインを読み解こう

1 ガイドラインの考え方

基本的な考え方／具体的な対応

2 ガイドラインが示された背景

これまでの虐待防止の考え方／「保育所等における虐待等の不適切な保育への対応等に関する実態調査」結果

3 「不適切な保育」や「虐待等」の考え方

具体的な「不適切なかかわり」

4 保育所等における虐待等の防止及び発生時の対応に関して、保育所等や自治体に求められること

保育所等の役割

第2章
スキル別　不適切保育へのあの手・この手

スキル1　根気よく

好き嫌いを克服させるのが保育士の仕事？／食事はがんばって食べるもの？／食べさせ方が上手だと残食が少ない？／結果は急がず長い目で

食事の意欲を育む「あの手・この手」

マインドチェンジ 完食を手放そう

スキル2　落ち着いて

落ち着かない新年度／感情は伝染する――セカンドハンド・ストレス／気持ちの落ち着かせ方／マインドチェンジにつながる視点

気持ちを落ち着かせる「あの手・この手」

マインドチェンジ 手放そう「スムーズな保育」

第3章
「時間がない・余裕がない」にさようなら

すきま時間にできるスキルアップワーク ···········115

第 1 章

ガイドラインを
読み解こう

2022年、不適切な保育を行ったとして、保育士が逮捕されるというニュースが日本中を騒がせました。そこから、全国各地の保育所等において虐待が行われていたという事案が相次いだことを背景に、令和5年5月12日、こども家庭庁・文部科学省連名で『昨年来の保育所等における不適切事案を踏まえた今後の対策について』という通知が発出されました。

保育所等における〇〇ガイドライン…は数多くありますが、日々忙しくしている保育現場は、その内容の詳細を学ぶ機会が少ないのが実態ではないでしょうか。

第1章では、新通知及び保育所等における虐待等の防止及び発生時の対応等に関するガイドライン（以下、虐待防止ガイドライン）を一緒に読み解いてみましょう。

1 ガイドラインの考え方

基本的な考え方

通知には「虐待等はあってはならないことである一方で、**日々の保育実践の中で過度に委縮し、安心して保育に当たれないといった不安もあるものと承知している**」と書かれています。現場の保育者の不安にも寄り添った内容としてまとめられていることが、今回の通知の特徴です。そして通知の別紙1の概要には、基本的な考え方がまとめられています。

① **こどもや保護者**が不安を抱えることなく**安心して**保育所等に通う・こどもを預けられるようにすること

② **保育所等、保育士等の皆様**が日々の保育実践において**安心して**保育を担っていただくこと

(こども家庭庁・文部科学省「昨年来の保育所等における不適切事案を踏まえた今後の対応について　別紙1」令和5年5月12日)

不適切な保育の事案を踏まえ、**子ども・保護者・保育士等・保育所等みんなの『安心』**を作っていくことが通知の目的であるとくみとることができます。

具体的な対応

具体的な対応として、どんな方針が示されているのかを通知の別紙1の概要を参考にしながら確認していきましょう。対応策の方向性は主に3つあります。

① 虐待等の防止及び発生時の対応等に関するガイドラインの策定

② 児童福祉法の改正による制度的対応の検討

③ 虐待等の未然防止に向けた保育現場の負担軽減と巡回支援の強化

　ガイドラインでは「不適切な保育」の考え方が明確化されています。また、保育所等、自治体等に求められることを整理しつつ、この問題に早く手を打ち対応していくための、運用上の見直しや工夫が考えられる事項について周知されているのです。

　再発防止のため「○○をしなければならない」という保育現場への負担増となる傾向が強かった今までの風潮に対して、今回の通知は「保育現場の負担軽減」が具体的対応の一つとなっていることも大きな特徴です。

　保育士等の負担軽減策として具体的に示されているのは主に下記の3点です。

■指導計画の作成

■児童の記録に関する書類等の見直し

■働き方の見直し、業務内容の改善

　業務軽減が保育の質の低下につながっていかないように、『保育所保育指針解説』（平成30年2月）や『保育分野の業務負担軽減・業務の再構築のためのガイドライン』（令和3年3月）に則りまとめられています。

　保育所保育指針解説（平成30年2月）において、指導計画は、

① 年・数か月単位の期・月など長期的な見通しを示すもの

② それを基に更に子どもの生活に即した週・日などの短期的な予測を示すもの

という2種類の計画を作成するよう示されています。

　通知の別紙1では、「こどもの実態等を踏まえて、長期・短期の2種類の計画をそれぞれの園の実情に応じ、創意工夫を図りながら作成いただきたいこと。例えば、年単位、期単位、月単位、週単位、日単位の計画を個別に作成する必要があるものではない」と周知されました。現状では、指導計画の種類の指定は各自治体が行い、指導検査等を実施し

ています。業務内容の改善をすすめるには、保育所等だけでなく自治体の取り組みも必要なため「自治体においても、保育所等への指導等を行うに際し、こうした点を了知いただきたい」と記載があります。保育の質の向上を目的に、あれもこれも別々に詳しく書くことを保育所に対して指導する方向性としてきた自治体が多い中、検査や監査の視点に関しても見直していくことが示されているのです。各保育所等の施設長・園長らは、今後の指導検査等でこの通知を踏まえて対応し、業務内容の改善を自治体とともに考えていく必要があるのです。

　また、保育分野の業務負担軽減・業務の再構築のためのガイドライン（令和3年3月）を参考にしながら、

- 記載内容が重複している項目を洗い出し、可能なものは同一の様式とするなど、**それぞれの園の実情に応じた見直し**を行っていくこと。
- 本当に必要な業務を精選し、会議を短時間で効果的なものとする工夫や業務の配分の**「ムラ」の改善**など、働き方の見直しに取り組んでいくこと。
- 行事については、こどもの日常の生活に変化と潤いがもてるよう、日々の保育の流れに配慮した上で、**ねらいと内容を考えて実施することが重要。**企画や準備のための残業や持ち帰り作業等が生じている場合等には、それぞれの園の実情やねらいに照らし、準備等の業務の改善に取り組んでいくこと。

など積極的に見直していきたいものです。

　今まで「大事である」「やらなければならない」としてきたことが多いため、「手抜きをしたら質が下がる」との意見もあるかもしれませんが、今後の質に関しては、**本当に大切なことを見極める力**が課題となってきます。しかし、まったくやらなくていい、どうでもいいといわれているわけではないのです。

　今回の通知をきっかけに、保育者も、園も、法人も、自治体も一緒に考え合い、工夫を重ねていきたいものです。❖

2 ガイドラインが示された背景

これまでの虐待防止の考え方

保育所等における「虐待等の防止」に関する考え方は、これまでも示されていました。

■ 『児童福祉施設の設備及び運営に関する基準　第9条の2』（昭和23年厚生省令第63号）には、
「児童福祉施設の職員は（中略）**児童の心身に有害な影響を与える行為をしてはならない**」とあります。

■ 『保育所保育指針解説』（平成30年2月）には
「**子どもに対する体罰や言葉の暴力が決してあってはならない**ことはもちろんのこと、日常の保育においても、**子どもに身体的、精神的苦痛を与えることがないよう**、子どもの人格を尊重するとともに、子どもが権利の主体であると言う認識をもって保育に当たらなければならない」とあります。

■「**不適切な保育の未然防止**及び発生時の対応についての手引き」

（令和3年3月　株式会社キャンサースキャン）

昭和・平成・令和どの時代も「虐待等の防止」に関する考え方をずっと示してきたにもかかわらず、全国各地の保育所等において虐待が行われていたという事案が相次いで表面化し報告されるようになりました。

そこで国は、令和4年12月〜令和5年2月「保育所等における虐待等の不適切な保育への対応等に関する実態調査」を全国的に実施したのです。

「保育所等における虐待等の不適切な保育への対応等に関する実態調査」結果

　実態調査は、令和4年12月27日〜令和5年2月3日の期間で行われました。園に対する調査の内容は、

- 個別事案（件数や対応状況等）
- 園の体制等・自治体への情報提供等に係る方針、施設内で事案を共有する機会の有無・手引きやセルフチェックリスト等の周知状況
- 虐待等の不適切な保育の未然防止に向けて自治体に求めるサポート

　などを把握するものでした。

　各施設や自治体によって、不適切な保育にあたる行為等のとらえ方や対応に大きな差がみられる結果となりました。そして調査回答とともに、現場からさまざまな意見が寄せられました（図1-1）。

図1-1　実態調査の結果の概要

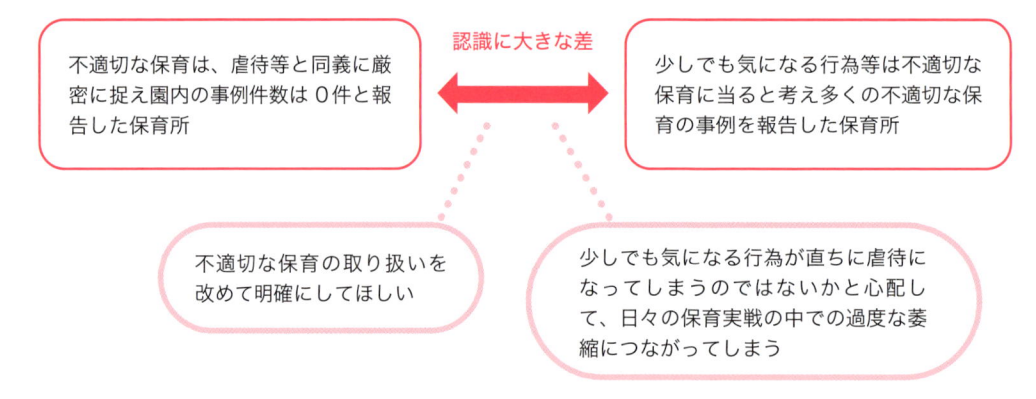

出典：こども家庭庁『「保育所等における虐待等の不適切な保育への対応等に関する実態調査」の調査結果について』令和5年5月をもとに筆者作成

　ここでは施設として最も多い『保育所』の数値を例に調査の結果をみてみます。保育所2万2720施設中、回答数施設数は2万1649でした。自治体が呼びかけを強化したことや、現場の関心の高さが回答率95％という結果からうかがわれます。

　そのうち、施設内で不適切な保育として確認したとする回答件数別の施設数を、下記

の表1-1にまとめてみました。

表1-1　施設内で不適切な保育として確認した園数

0件	1〜5	6〜10	11〜30	31〜50	51〜100	101〜200	201〜500	500以上	把握なし
15,757施設	3,612	268	199	43	29	3	4	3	720

調査結果をもとに筆者作成

　施設内での確認を0件と報告する園もあれば、500以上の件数を報告する園もあり、「不適切な保育」へのとらえ方に大きな差があることが明らかになりました。施設ごとの認識にこんなにも差があるのですから、現場の職員が「いったいどこからが不適切で、どこまでは大丈夫なのか?」と不安に感じとまどっている心境となるのも無理はないのです。

　具体的に集まった不適切な保育の事例をもとに市町村が「不適切な保育が疑われる」として 事実確認(立入検査や関係者からの聞き取り等)を行った件数は1492件あり、そのうち実際に不適切な保育の事実が確認された件数は941件でした。

　調査の結果、どんな事例を不適切と取り扱うのかというとらえ方に大きな差があること、各施設や自治体が取るべき対応も整理されていないことなど、多くの課題が浮き彫りとなりました。この調査によって明らかになった事例も多いことから、必要な対応が遅れていることなどの懸念も指摘されました。

　調査結果を踏まえて、各施設や自治体による考え方や対応についての認識の差を埋めていくために整備され始めたのが、今回の通知であり虐待防止ガイドラインなのです。

　通知の別紙1では、その柱を以下の2点としています。
- 「不適切な保育」の考え方を明確化。
- 保育所等における虐待等の防止及び発生時の対応に関して、保育所等、各自治体に求められる事項等を整理。

　これはほんの始まりにすぎません。要所で、「今後柔軟に対応していく」という表現が使われていることから、"提示しました。これで解決"ということではなく、今後も現場の声を実践的にあげていくことで、より実態に見合った内容へとブラッシュアップしていく可能性があるのです。◆

3 「不適切な保育」や 「虐待等」の考え方

具体的な「不適切なかかわり」

　通知・概要・虐待防止ガイドラインの目的の大きな柱は、考え方の明確化です。文章が図式化されていたり、表にまとまっていたりして、わかりやすくまとめられていますのでここで紹介します。あくまでも「例」として扱われており、「個別の行為等について考えたとき、虐待等であるかどうかの判断しづらい場合もある」とし、子どもの状況や職員状況等から「総合的に判断すべき」と記されています。

　これらのことから、虐待等として禁止される行為は具体的に明確にした上で、なんでもかんでも「虐待」「不適切」と決めつけ批判することを目的としていないこと、現場の職員を追い込みすぎないよう配慮されていることが読み解けます。

　「こどもの人権擁護の観点から、『望ましくないと考えられるかかわり』」（以下「望ましくないかかわり」）をしてしまうことは、誰にでも起こりうることです。振り返りの中で改善が図られていくものです。

　「望ましくないかかわり」に関しては、虐待防止ガイドラインでは「不適切な保育」の対象外とされていますが、「望ましくないかかわり」をしてもいいというわけではありません。

　「重要なのは、日々の保育実践において、より良い保育に向けた振り返りが実施され、改善につながる一連の流れができていることである。」とされ、「望ましくないかかわり」のうちに施設内で改善につながる流れをつくり、虐待等と疑われる事案（不適切な保育）にならないよう防止に努めていきましょう、という内容になっています。

　また「虐待等と疑われる事案（不適切な保育）があった際にも、行政も含めた施設内外に風通しよく共有され、適切な対応につながると考えられる」とされ、解決に向かうために

行政に報告し課題を明らかにしていく線引きをしました（図1-2）。

「虐待等が疑われる」がラインということは、「これは、虐待だろうか？　どうだろうか?」と迷うときには、施設内で問題を抱えずに行政に相談し、一緒に判断しながら解決策を考えようということになります。

当然ながら、虐待等・虐待の場合は施設が迅速に判断をし、行政とともに解決に動いていく必要があります。行政への報告の判断は、園の責任者や園運営を管理する法人の責任者が担うこととなります。判断材料として「保育所等における、職員によるこどもに対する虐待」の例が一覧となっています。

一方で、より良い保育に向けた振り返りと改善の流れをつくるためには、「では、どうしたらいいのか？」というアイデアやイメージが必要です。そこで第2章では、スキルアップやマインドチェンジのポイントを提案します。◆

図1-2　不適切な保育や虐待などの考え方のイメージ

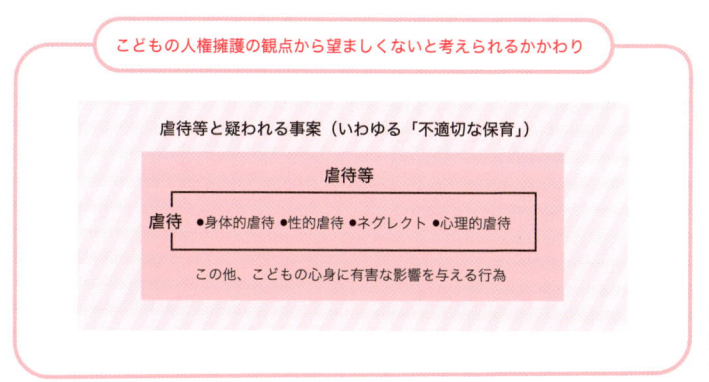

出典：こども家庭庁「保育所等における虐待等の防止及び発生時の対応等に関するガイドライン」令和5年5月

虐待	「身体的虐待」、「性的虐待」、「ネグレクト」、「心理的虐待」に該当する行為
虐待等	「虐待」に加えて「こどもの心身に有害な影響を与える行為」を含んだ行為 ＊児童福祉施設備営運営基準第９条の２で禁止される「法第三十三条の十各号に掲げる行為その他当該児童の心身に有害な影響を与える行為」と同義。
不適切な保育	「虐待等」と疑われる事案
「望ましくない」と考えられるかかわり	こどもの人権擁護の観点から「望ましくない」と考えられるかかわり

出典：こども家庭庁育成局長・文部科学省初等中等教育局長通知「昨年来の保育所等における不適切事案を踏まえた今後の対策について」令和5年5月12日

図1-3　保育所等における職員による子どもに対する虐待

行為類型	具体例
身体的虐待	● 首を絞める、殴る、蹴る、叩く、投げ落とす、激しく揺さぶる、熱湯をかける、布団蒸しにする、溺れさせる、逆さ吊りにする、異物を飲ませる、ご飯を押し込む、食事を与えない、戸外に閉め出す、縄などにより身体的に拘束するなどの外傷を生じさせるおそれのある行為及び意図的にこどもを病気にさせる行為 ● 打撲傷、あざ（内出血）、骨折、頭蓋内出血などの頭部外傷、内臓損傷、刺傷など外見的に明らかな傷害を生じさせる行為　など
性的虐待	● 下着のままで放置する ● 必要の無い場面で裸や下着の状態にする ● こどもの性器を触るまたはこどもに性器を触らせる性的行為（教唆を含む） ● 性器を見せる ● 本人の前でわいせつな言葉を発する、又は会話する。性的な話を強要する（無理やり聞かせる、無理やり話させる） ● こどもへの性交、性的暴行、性的行為の強要・教唆を行う ● ポルノグラフィーの被写体などを強要する又はポルノグラフィーを見せる　など
ネグレクト	● こどもの健康・安全への配慮を怠っているなど。例えば、体調を崩しているこどもに必要な看護等を行わない、こどもを故意に車の中に放置するなど ● こどもにとって必要な情緒的欲求に応えていない（愛情遮断など） ● おむつを替えない、汚れている服を替えないなど長時間ひどく不潔なままにするなど ● 泣き続けるこどもに長時間関わらず放置する ● 視線を合わせ、声をかけ、抱き上げるなどのコミュニケーションをとらず保育を行う ● 適切な食事を与えない ● 別室などに閉じ込める、部屋の外に締め出す ● 虐待等を行う他の保育士・保育教諭などの第三者、他のこどもによる身体的虐待や性的虐待、心理的虐待を放置する ● 他の職員等がこどもに対し不適切な指導を行っている状況を放置する ● その他職務上の義務を著しく怠ること　など
心理的虐待	● ことばや態度による脅かし、脅迫を行うなど ● 他のこどもとは著しく差別的な扱いをする ● こどもを無視したり、拒否的な態度を示したりするなど ● こどもの心を傷つけることを繰り返し言うなど（例えば、日常的にからかう、「バカ」「あほ」など侮蔑的なことを言う、こどもの失敗を執拗に責めるなど） ● こどもの自尊心を傷つけるような言動を行うなど（例えば、食べこぼしなどを嘲笑する、「どうしてこんなことができないの」などと言う、こどもの大切にしているものを乱暴に扱う、壊す、捨てるなど） ● 他のこどもと接触させないなどの孤立的な扱いを行う ● 感情のままに、大声で指示したり、叱責したりする　など

※このほか、こどもの心身に有害な影響を与える行為を含め、虐待等と定義する。
※個別の行為等が虐待等であるかどうかの判断は、こどもの状況、保育所等の職員の状況等から総合的に判断する。その際、保育所等に通うこどもの立場に立って判断すべきことに特に留意する必要がある。
※上記具体例は、「被措置児童等虐待対応ガイドライン」や「障害者福祉施設等における障害者虐待の防止と対応の手引き」等で示す例を参照し、保育所等向けの例を記載したもの。

出典：図1-2に同じ

4 保育所等における虐待等の防止及び 発生時の対応に関して、保育所等や 自治体に求められること

保育所等の役割

　不適切な保育は「虐待等が疑われる事案」と整理され、その中に「虐待」も含まれると されました。子どもの最善の利益を第一に考慮し、一人ひとりの子どもにとって心身共 に健やかに育つための場であることが保育所等では求められています。よって、身体的 にも心理的にも子どもたちが傷を負うような虐待や虐待等が疑われる事案はあってはな らないことです。

　保育所等の各施設は、虐待等の発生を未然に防ぐことが求められますし、また事案が 発生した場合は適切な確認を行いながら、行政へと報告をする必要があるのです。

保育所等における対応

　保育所等における対応は

（1）より良い保育に向けた日々の保育実践の振り返り等

（2）虐待等に該当するかどうかの確認

（3）市町村等への相談

（4）市町村等の指導等を踏まえた対応

（5）さらにより良い保育を目指す

　と5つの段階にまとめられています。虐待防止ガイドラインの本文では、「より良い保 育に向けた日々の保育実践の振り返り等」という項目にて『振り返り』『相談』『研修・学び』

図1-4　不適切な保育が生じる背景の整理

③ 職場環境によって、
**　不適切な保育が誘発され得る**

- 保育士は、子どもの人権や人格尊重を踏まえた子どもへの関わりについて理解しているものの、余裕を持って保育に臨めないなどの環境要因により、適切でない関わりが誘発され得る。
- 適切でない関わりが生じた場合にも、組織的にそれを改善する仕組みが整っておらず、改善がされ難い。

施設長や法人の管理責任者による
早急な職場環境の整備が求められる

① 適切な保育が行われている

- 各保育士が、子どもの人権や人格尊重を踏まえた子どもへの関わりについて十分に理解している。
- 保育士が無理なく余裕を持って、保育に向き合える環境が整っている。
- 適切でない関わりが生じた場合には、組織として、改善に取り組む体制が整っている。

現状、特に問題はないが、継続的に職員の意識及び体制の振り返りが望まれる

理解が十分である

← 整っていない　　　**職場環境**　　　**整っている →**

保育士の認識

理解が十分でない

④ 不適切な保育が生じやすく、
**　また改善もされ難い**

- 各個々の保育士が、子どもの人権や人格尊重を踏まえた子どもへの関わりについて十分に理解しておらず、適切でない関わりが生じうる。また、環境的にも、そうした行為が誘発されやすい。
- 適切でない関わりが生じた場合にも、改善がされ難い。

保育士の認識の底上げと職場環境の整備の両方が早急に必要である

② 保育士個人の認識や資質によって
**　不適切な保育が生じうる**

- 個々の保育士が、子どもの人権や人格尊重を踏まえた子どもへの関わりについて十分に理解しておらず、適切でない関わりが生じうる。
- ただし、適切でない関わりが生じた場合には、組織として、改善に取り組む体制は整っている。

保育士の認識の底上げが必要であり施設内における研修の実施が求められる

出典：令和２年度子ども・子育て支援推進調査研究事業「不適切な保育に関する対応について」事業報告書（別添）「不適切な保育の未然防止及び 発生時の対応についての手引き」株式会社キャンサースキャン

『自己評価』という行動が大切であることが、繰り返し表現されています。

　保育所等では人権擁護の観点から「望ましい」と考えられるかかわりができるように、日々の保育を振り返ることや、研修・自己評価・第三者評価などを通じて職員が気づく機会をつくる取り組みを工夫していきたいものです。

　虐待等に該当するかどうかの確認は、まずは保育所等として確認する必要があるとされ、リーダー層の意見が分かれたときには、行政に相談して判断するよう位置づけられました。このことから、特に園のリーダー層は不適切な保育に関する学びを深めていく必要

性があります。

　万が一、保育者による虐待等の行為が発覚した場合も、ゴールは『より良い保育を目指す』ことです。事実を明らかにしながら改善に向けた対応を行っていく過程は、苦しいことが多いかもしれません。それでも隠したり、嘘をついたりすると、問題を複雑化させ、解決までの時間を長引かせてしまいます。不適切な保育の課題解決に向けた全国的な取り組みは始まったばかりです。問題をオープンにする風潮をつくっていくことが本当の意味での安心につながっていくのだと思います。

　保育所等における対応は、どの段階にあっても『より良い保育を目指す』ことが目的です。虐待防止ガイドラインが示す共通の目的を見失わずに、対応能力を高めていきましょう。

　自分の園の実態をどのように整理したらいいのか、何からはじめたらいいのか、迷うときの参考として、令和3年3月に示された『不適切な保育の未然防止及び発生時の対応についての手引き』を参考にしてみましょう（図1-4）。

　縦軸は、保育者個人の認識や理解、横軸は業務の負担や話し合うゆとりなどの職場環境を表しています。

　子どもの権利や人格尊重を踏まえた子どもへのかかわりに関して十分な理解をしていくことは、保育者一人ひとりの課題です。保育者が無理なく余裕をもって保育に向き合える職場環境を整えていくのは、法人の課題です。縦軸と横軸で分けて考えてみることにより、自分たちの園の主な課題はどこにあるのかを俯瞰的に見てみましょう。

　例えば、自分は人権や人格尊重を踏まえた子どもへのかかわりについて理解をしているけれど、周りの同僚との理解には差があると感じていたら、認識の底上げをしていくためできることは何でしょうか？　園内研修の提案や書籍の紹介などの工夫が考えられます。

　子どもの権利や人格尊重を踏まえた子どもへのかかわりを理解している職員は多いけれど、保育者の数が揃っていなかったり業務過多だったりする場合は、具体的な業務改善のアイデアを考えていくことが優先課題となります。ムリ・ムダ・ムラの『3M』を積極的に見直していきながら、連携により工夫できることもあるかもしれません。

保育体制を保障するという法人の管理者責任に関しては、自治体にも関心を高めてもらい、大切な補助金が職員配置などに適切に使われているかどうか、指導強化を推し進めていただきたいものです。

　このように現状を俯瞰的に見ることで、「まず何から始める？」「次はどうする？」と建設的な考え方に視野を広げていくことができるのです。

　ガイドライン等は難しい、面倒くさいという印象をもっている方もいるかもしれませんが、国が示しているものは「考え方の違い・価値観の違い」という曖昧なすれ違いを小さくしてくれます。日々の保育の中で感情的にモヤモヤと悩まないためには、知ること・学ぶことも大切です。モヤモヤと感情的になってしまう状態は、気分のムラを発生させます。気分のムラは行動のムラにつながります。

　現場の私たちが、元気に子どもたちと一緒に過ごすことは大切です。日々目の前のことに追われがちだからこそ、振り返る時間・学ぶ時間を大切にしたいものです。

市町村・都道府県における対応

　市町村・都道府県における対応は、

（1）未然防止に向けた相談・支援、より良い保育に向けた助言等

（2）保育所等からの相談や通報を受けた場合

（3）事実確認、立入調査

（4）虐待等と判断した場合

（5）フォローアップ

　と5つの段階にまとめられています。

　虐待防止ガイドラインでは、保育所等だけでなく自治体等の対応も明確な方向性が示されたことが特徴の一つです。保育所等と自治体等が一緒になって取り組んでいく課題だと位置づけられています。「現場で保育士等の虐待を目にするが、誰に相談していいかわからない」という保育者や保護者が、相談しやすいよう相談窓口を設置することや、保育所等に対して助言することなど、今までは自治体によってさまざまであった仕組みを必要なものとして位置づけています。

　また、相談や通報を受けた場合の、①初動対応の決定、②初動対応のための緊急性の

判断、③緊急性の判断後の対応等と対応の流れを明確にしています。その上で記録や情報の公開、子ども・保護者・職員に対するケア等のやるべきことや配慮する視点なども整理されています。各自治体等の対応の差が少なくなっていくようにまとめられています。

　状況を丁寧に把握した上での指導や改善勧告を行うこととしつつも、それだけではなくフォローアップが重要であるとし、自治体等の対応は、指導よりも現場の把握・相談・支援・援助に重きがおかれています。

　自治体等と保育所等との関係性は、従来の『指導する側、される側』というイメージから、保育の質の向上を共に目指していくパートナーとしてのイメージへと転換していくことが、保育所等にも自治体等にも必要です。

　虐待防止ガイドラインは、

- 全国的な実態調査のデータから方針が打ち立てられていること
- 現場の保育士等の業務負担に関する配慮がなされていること
- 保育所等と自治体等は、保育の質の向上のためにそれぞれの役割を果たしつつも対等なパートナーであること

　と、今までにはなかった動きや位置づけが多いことに特徴があります。

　今までにない動きがある。それは、ここからが新たな始まりであることを意味しています。未来の保育が良くなるために、昨日よりも今日、今日よりも明日、ひとつ学び、ひとつ実践し、振り返っては、また一歩と進んでいきましょう。◆

---

① 「昨年来の保育所等における不適切事案を踏まえた今後の対応について」令和5年5月12日付け通知

② （別紙1）昨年来の保育所等における不適切事案を踏まえた今後の対応について

③ （別紙2）保育所等における虐待等の防止及び発生時の対応等に関するガイドライン

④ 「保育所等における虐待等の不適切な保育への対応等に関する実態調査」の調査結果について

第 **2** 章

スキル別
不適切保育への
あの手・この手

本章では、保育の具体的な場面で起こりがちな「不適切保育」をどのように適切な保育に変えていけばよいのかを考えます。

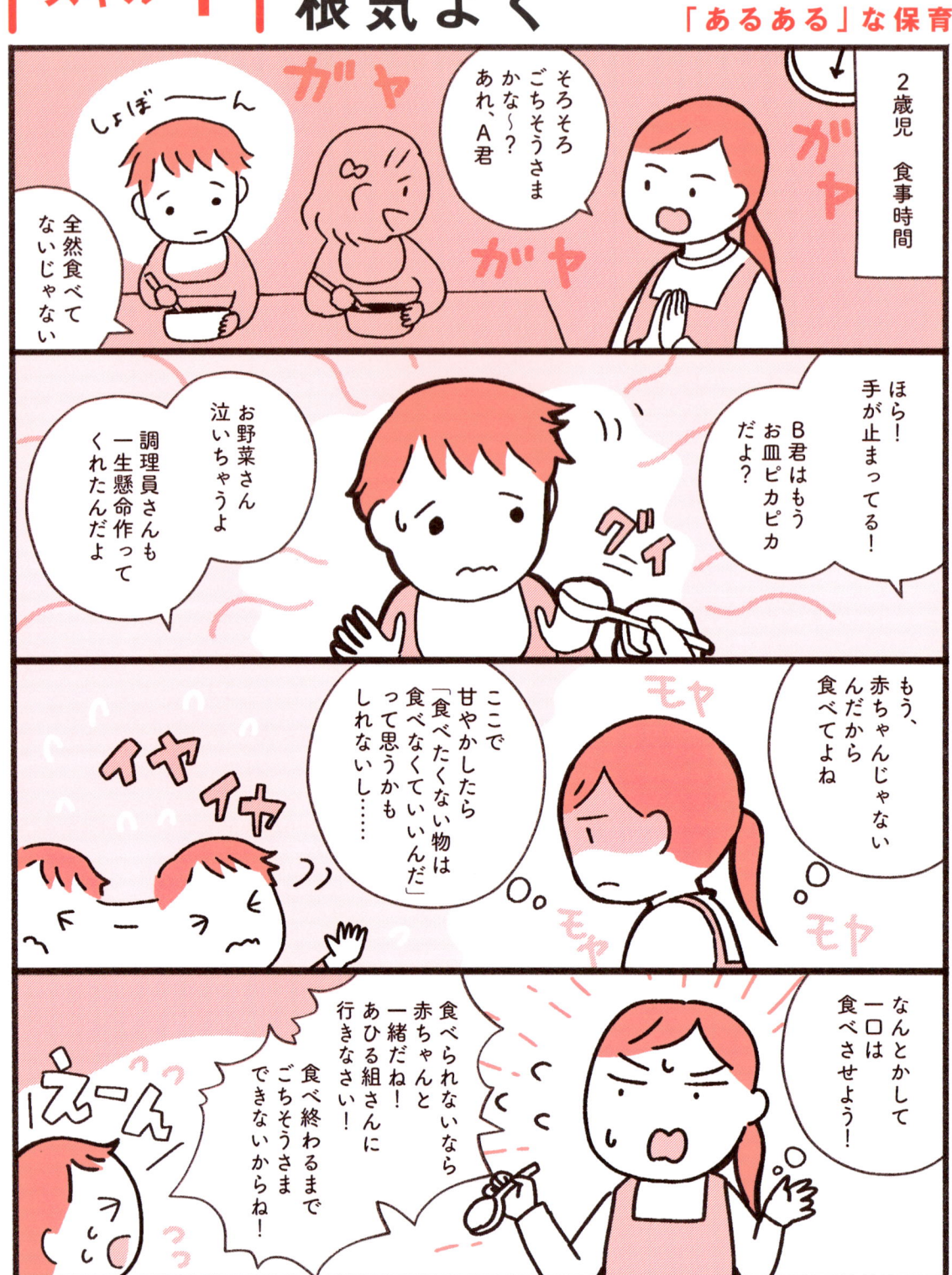

好き嫌いを克服させるのが保育士の仕事？

何とかして食べさせようとがんばった新人保育士時代

　皆さんの園では、「食事」についてどのように考えていますか。育ち盛りの子どもたちですから、栄養面を考えるとある程度の量は食べてほしいという願いは多くの人がもっていることでしょう。しかし、子どもたちは、大人が思うように元気にモリモリと食べてくれることばかりではありませんね。

　食事場面では、子どもの成長を願い、好き嫌いなく食べられるようになってほしい、量をしっかり食べてほしい、残すなんてもったいない！　そんな思いから、不適切なかかわりに発展してしまうケースが多いように思います。少し厳しい保育者が指導するときには食べるのに、やさしい保育者が保育に入ると残食が多いということもあるかもしれません。そうすると、なおさら「しっかり指導して食べさせなければ」と、事例のように、あの手この手で何とかして食べさせようとがんばってしまうものです。

　私が2歳児を担任した保育士1年目。しいたけがとても苦手で、どんなに小さくしても舌を上手に使って出してしまうK君がいました。何とかして食べられるようになってほしいと願っていた私は、どうしたら食べられるのかと真剣に考え、「食べるまでごちそうさまはできないよ！　1つでいいからがんばりなさい！」と強要してみたり、ご飯の下に隠して食べさせてみたり……と、何とかして食べさせようとがんばっていました。

　今思えば、どうしてあんなにむきになっていたのだろうと不思議に思うほどですが、当時は、何とかして好き嫌いを克服させ、食べられるようにするのが保育士の仕事だとがんばっていたのです。

子どもがすすんで食べようとする気持ちを育てる

　保育所保育指針を見てみると、「健康な心と体を育てるためには食育を通じた望ましい食習慣の形成」の重要性や（第2章　1歳児以上3歳児未満児の保育　ア　心身の健康に関する領域「健康」）「食べることを楽しみ、食べ物への興味や関心をもつ」ことの必要性についての記載が盛り込まれています（第2章　3歳児以上児の保育　ア　心身の健康に関する領域「健康」）。ですから、好きなものだけ食べていればよい、子どもが「食べない」と言ったものはすべて減

らせばよいというわけではありません。食への興味・関心をもってほしい、望ましい食習慣を形成してほしいと願うのは、保育者として大切な願いであるといえるでしょう。

しかし、「ゆったりとした雰囲気の中で食事や間食を楽しむ」（第2章　1歳児以上3歳児未満児の保育　ア　心身の健康に関する領域「健康」）、「自分に温かく接してくれる保育士等と一緒に食べることで、子どもは、くつろぎ、安心して食べるようになっていく」（第2章　3歳児以上児の保育　ア　心身の健康に関する領域「健康」解説）など、子どもたちが安心して食べてみようと思える和やかな雰囲気づくりの大切さや、食育活動等を通して食べ物への関心を高め、すすんで食べてみようとする気持ちが育つことが大切であるとも記載されています。

ですから、和やかな雰囲気の中で、子どもたちが安心して食事に向かい、無理やりではなく、すすんで食べようとする気持ちを育てることが保育者の役割といえるでしょう。その結果、好き嫌いせずに食べられるようになったり、残さずに食べてみようという気持ちが育ったりすることもあると思いますが、そういった姿が出てくるのは4・5歳児になってから、もしくはもっと先のことなのかもしれません。

食事はがんばって食べるもの？

食事の場面では、「がんばって食べてごらん」「すごい、がんばったね」という声かけが保育室を飛び交っていることが多いように思います。確かに、苦手なにんじんを食べてみようとがんばる姿が見られ、「先生、見て！　食べられたよ！　がんばったよ」と嬉しそうに報告をしてくれることもあるでしょう。そんなときには「すごいね、がんばったね！」と声をかけるのも自然なことのように思いますが、「がんばって食べてごらん」という大人の言葉には少し違和感があります。食事は、がんばって食べるものなのでしょうか。

0歳の頃には、お腹がすいたら、食べたい！　のサインを泣いて全身で表現し、大人にがんばってと言われなくても、ゴクゴクとミルクを飲むことでしょう。離乳食が始まった頃には、食べたいと手を伸ばし、待ちきれない様子で意欲的に食べる子どもが多いように思います。しかし、好き嫌いが出てきたり、食事量に個人差が出てくるようになると、いつの間にか食事時間はがんばる時間になり、保育者は「がんばって食べて」と励ますように

なります。

　毎日必ず訪れる食事時間が、がんばらないといけない時間だとしたら、少しつらいなと思ってしまいます。特に食の細い子どもであれば、毎日のように「今日も残しているの？」「全部食べられない？」とネガティブな声をかけられることが多いでしょうから、少食だったばかりに自己肯定感まで下がってしまいそうです。

　午前中にたくさん活動をしてお腹がすき、大好きな友だちや先生と「おいしいね！」と言いながら食べられる。たくさん食べると元気になって、また明日もたくさん遊べるね！　たくさん食べてお兄さんお姉さんになっちゃおう！　食事の時間はそんな希望あふれる楽しくて至福の時間であってほしいなと思います。至福の時間であれば、食べる意欲も湧いて「もっと食べてみよう！　これも食べてみようか」と、いつもは食べないものでも食べる意欲が湧いてくるかもしれません。

食べさせ方が上手だと残食が少ない？

うまくいかない子どもには、不適切なかかわりになりやすい

　「A先生は食べさせ方が上手だから、A先生のクラスは残食が少ない。B先生はかかわりがうまくないから残食が多いのよ」

　先輩にそんな話をされた私は、自分のクラスの子どもたちにはがんばって食べてもらおう、残食を少なくせねばと思ったことがありました。果たして「食べさせ方が上手だから残食が少ない」というのは本当でしょうか。今思うと事実でもあるようで、少し違うような気もします。

　保育者が隣で「おいしいよ〜」とおいしそうに食べていると、じゃあ一口食べてみようかなと食べる姿があったり、おいしくなる魔法をかけるよ〜チチンプイプイのプイ！　と魔法をかけると食べられるようになったり……。特に2•3歳児の子どもたちは、保育者のかかわり方次第で食べてみようという気持ちになり、よく食べるということがあるように思います。

　しかし、すべてがうまくいくわけではありません。おいしそうに食べてみたり、魔法をかけてみたりしてみても食べようとしない子に、どうにかして食べさせようと思うと、「無

理やり」「力づくで」「何とかして」子どもを動かさなくてはいけなくなり、不適切なかかわりや声かけが起こりやすくなります。

　残食をなくさなければと思っていた私は、あの手・この手を試しても食べようとしない子どもには、「ひと口は食べてよね」「この分を食べ終わらないと『ごちそうさま』できません」と食べることを強要していました。よく食べる子どもには楽しい食事時間だったと思いますが、食の細い子や好き嫌いの多い子どもには、「和やかな雰囲気」とはかけ離れていた食事時間だったように思います。

「今日」ではない「いつか」を期待して

　好き嫌いせずに食べられるようになってほしいと願う気持ちをもつことは大切ですが、その結果を急いでしまうと「無理やり」「力づくで」「何とかして」食べさせなくてはと、不適切保育につながることが多いように思います。

　そんなときに大事にしたいのが「根気よく」子どもの成長を見守るスキルです。子どもの成長を急がず、「今日」ではなく「いつか」好き嫌いなく食べられるようにと思えたら、かかわりは変わってくることでしょう。特に1・2歳の頃は、好き嫌いが出てくる時期です。酸味＝腐敗、苦み＝毒を意味する味であるため、本能的に食べたがらない姿が多くみられます。しかし、楽しい雰囲気の中で食事を楽しみ、おいしそうに食べている友だちや大人を見たり、料理をしてみたり、野菜を育ててみたり、栄養や健康のことを知ったり……そんな日々を通して次第に「食べてみよう」と手を伸ばすようになるものです。

　32頁の「あの手・この手」を試しながら、先生が怖いから、食べないとごちそうさまができないからという理由ではなく、子どもの内側から湧いてくる「食べてみよう」「食べてみたい」の気持ちで食べられるように根気よくかかわっていきましょう。

結果は急がず長い目で

自主的に、楽しみながらできる「いつか」を目指す

　保育の中では「今日」ではなく「いつか」を目指すべき場面が多くあります。例えば、アート活動の場面では、絵の具を嫌がって触ろうとしない子どもに「今日は何とかやって

ほしい」と思ってかかわると、「無理やり」「力づくで」「何とかして」やらせたい！　とがんばってしまうことになります。「いつか楽しめるように」と思えば、今日はみんなが楽しんでいるところを見てもらおう、筆やたんぽがあれば楽しめるかな？　色水だったらできるかな？　と、その子が無理なく楽しみながら経験できる方法を考えることができるでしょう。

　トイレトレーニングの場面では、「今日おもらしをしないように」と思うと「無理やり」「力づくで」「何とかして」トイレに行かせようとがんばってしまいますが、無理やりすすめてしまうと「もうトイレになんか行きたくない！」と子どもが拒否反応を示すことがあるかもしれません。「いつか」意欲をもってトイレに行けるようにとかかわることが大切です。

　保育者は「無理やりにでもできた今日」ではなく、「子どもたちが自主的に、あるいは楽しみながらできるいつか」を目指すことを意識することが大切です。そして、それはとても時間がかかるもの。「いつか」は今日かもしれませんが、半年後かもしれないし、3年後、大人になってからかもしれません。そんな長い目で子どもの成長を考えていくことが大切です。放っておいても「楽しみながらできるいつか」はやってきませんから、興味をもったり意欲が湧いたりする働きかけが大切です。ただ、結果はすぐに求めないこと。「根気よく」のスキルで、子どもたちの力を育んでいきましょう。

　また、意欲がもてるタイミングは一人ひとり違うということも頭の隅に置いておく必要があるでしょう。集団で過ごしていると、今やってほしい、みんなで一緒にやってほしいと思うことが多くなります。個別な対応ができることもあればできなないこともありますが、一人ひとり価値観は異なるので、「みんな一緒」では少し無理が生じる場合があることを忘れずに保育をすることも大切です。◆

食事の意欲を育む

- お茶だけでなく、おかずも「かんぱーい」として食べると楽しくなって食べてくれることがあります。
- まずは味を知るために、舐めるだけでもいいよと声かけしています。
- 見慣れない食材で拒否をしているときには、食材を「見てみて」と声をかけています。「これは〇〇だよ！」と名前を伝えるなどして、丁寧にかかわったら、一口食べてみて、これは食べられる！　となったことがありました。まずは見て食材のことを知るだけでもいいかなと思います。
- 保育者が同じものを食べておいしいねと言うと、食べ始めることがあります。可能であれば一緒に食べられるといいなと思っています。
- かぼちゃ、甘くてホックホクだよーなど、検食をした保育者がいつもおいしさを工夫して伝えてくれています。
- 先生これ好きなんだよね！　おいしいよね～と言って、保育者がおいしそうに食べる姿を見せていくことで、ふとしたときに食べてみよう！　という意欲が見られました。
- 「わかめを食べたら、髪の毛ツヤツヤなるよ」と食べるメリットを伝え、食べたら「おぉ、髪の毛がつるつるになっている！」というやりとりを楽しんでいると、周りの子たちも食べてくれます。
- 食べられたら、ママとパパに教えてあげようね、と言うと食べてみようと意欲を出す子がいます。
- ホットケーキのレーズンを、顔になるようにくっつけてみたら、選ぶところから楽しむことができ、いつもはあまり進んで食べない子もとても意欲的に食べていました。
- 「甘くなる魔法をかけるよ～」「チチンプイプイのプイ」と言って魔法をかけ、「甘くなったかも！」「魔法が解けないうちに食べてー」と言うと食べてくれます。
- 見ててね、食べると元気が出るよ！　と言って食べて見せ、「元気もりもり！」と筋肉のポーズ？　をすると、「私も！　僕も！」と言って食べてくれます。
- トマトな苦手な子がいて、食べなくてもいいけれど仲良くなってほしいんだよねと話をして、「チュー」することにしたRちゃん。半年くらい続けていたら愛着が湧い

たようで、自分から「食べる」と言って、少しずつですが食べるようになりました。

- ◆ 食べられないときには、「また今度食べられると良いね！」と毎回話します。今日食べられなくてもいつか食べられるようになってほしいなと思っています。

- ◆ おいしそうに食べている友だちの姿が目に止まるように「〇〇ちゃんおいしそうに食べてるね〜」と言います。その日食べられなくても「どうやらおいしいらしい」と感じてくれればいつか食べようと思ってくれるかなと願っています。

- ◆ ご飯が「〇〇ちゃん、食べてよ〜」って言ってるよーと言うと、食べてくれることが多いです。

- ◆ いろいろと声かけをしても、食べないときには無理に食べさせません。

- ◆ いつも食べないからきっと食べないだろうなというときも、毎回「食べるとおいしいよー」と声をかけるようにしています。

- ◆ 量を減らしたら食べられそう？　と子どもに聞いて、「うん」と言う場合は量を減らします。たくさんあると「無理」という子も、ほんの少しであれば「食べられそう」と思うことがあるようで食べてくれます。ほんの少し食べられた後に「もっと食べられる！」と思うことも多く、「おかわり！」と言って減らした分も完食することがあります。

- ◆ お腹がすくとよく食べると感じています。午前中によく動き、満足感を感じるような楽しい活動ができるよう心がけています。

- ◆ 食育活動として、野菜を育てたり、さやもぎ・筋取り・皮むき等の手伝いをしたりする活動をしています。先日、2歳児の子にスナップエンドウの筋を取ってもらったところ、給食の時間に「A君がむきむきしたんだよ」と言って、嬉しそうにたくさん食べる姿がありました。

- ◆ 食を楽しんでほしいと思い、幼児クラスに「好きな給食メニュー」のアンケートをとり、子どもたちの好きなメニューを出す日をつくっています。

- ◆ 年長児で残食のグラムを計ると、残食をゼロにしようと子どもたちが意欲的になり、食べられる量を意識したり、よく食べるようになりました。

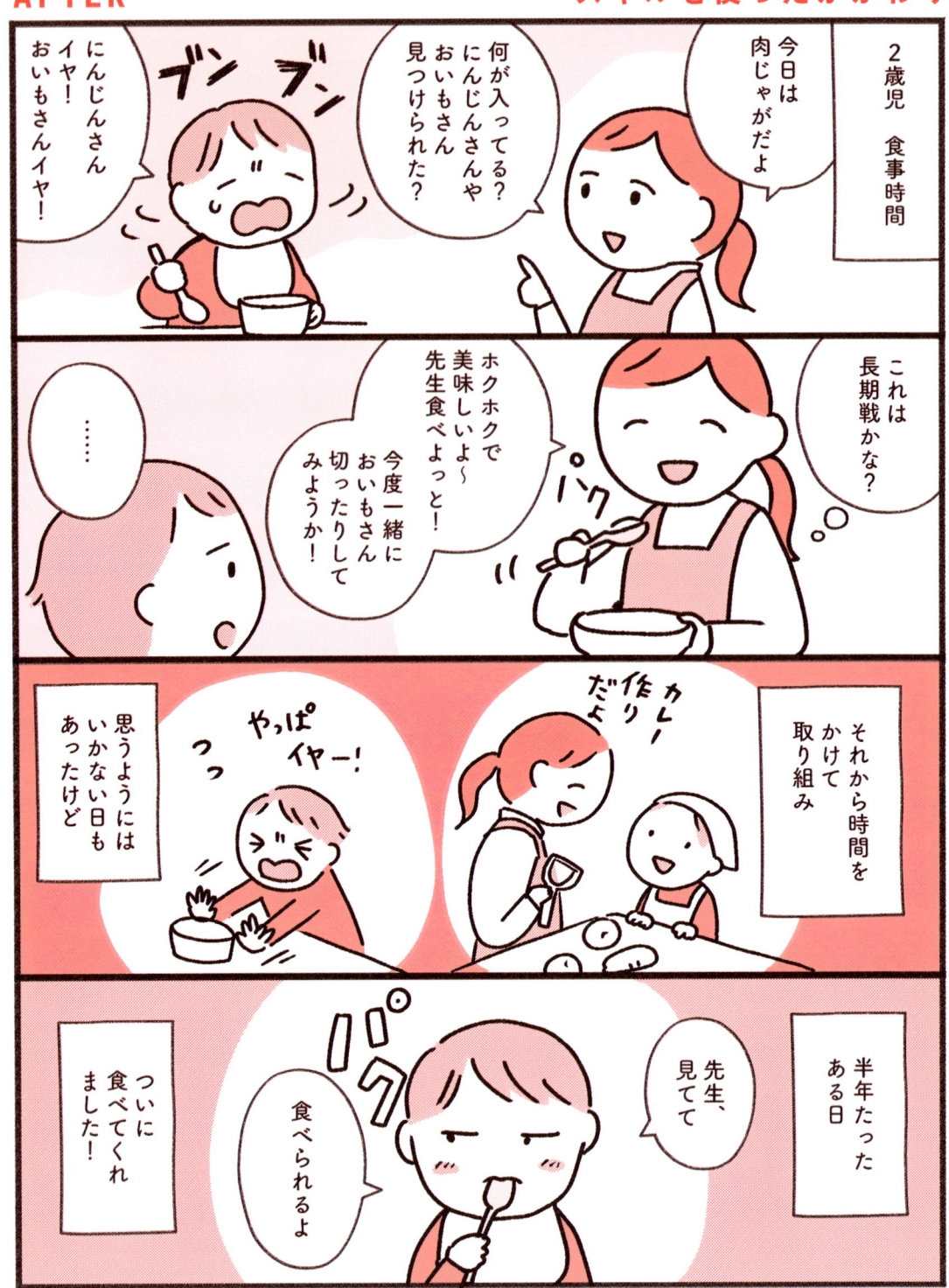

マインドチェンジ

MINDCHANGE

完食を手放そう

　2013（平成25）年5月、三重県の認定こども園で、約4時間にわたり給食を完食することを強要されていたという衝撃的なニュースが舞い込みました。完食を強要されていた子どものことを思うと心苦しくなるとともに、4時間とまではいかなくとも、定量の給食の完食を強要することや、保育者が減らしたぶんを食べきるまでは終わりにできないと、泣きながら食事をさせるような保育は、まだ日本中にあるのではないかとも思いました。

　少し矛盾するようですが、給食は、栄養士が子どもの成長、栄養バランスなどを考えて献立を立て調理したものですので、すべて食べることが理想です。ですから完食することは大事なことでしょう。保護者も「完食した」となれば喜んでくれる人がほとんどでしょうし、好き嫌いを克服させたいと相談する保護者も多いものです。食べてみたい！　食べてみよう！　そう子どもたちが思えるかかわりは大切にしていきたいところです。

　しかし「完食すること」「好き嫌いをしないこと」が称賛されすぎてはいないでしょうか。称賛されすぎることで、「意欲」や「和やかな雰囲気」が忘れられ、容易に不適切保育につながるように思います。完食することは偉いことなのでしょうか？　好き嫌いをしないことはみんなが目指すべきことなのでしょうか？

　大人に置き換えて考えてみると、少食の人もいれば信じられないほどの量を食べる人もいることが当たり前ですよね。苦手なものがいくつかあるのも当たり前でしょう。にもかかわらず、子どもに対しては、みんな同じ量を同じ時間に完食すること、好き嫌いを克服し、何でも食べられること目指してしまいます。朝起きた時間も朝ごはんを食べた時間も量もまちまちで、同じクラスでも1年もの月齢差があるはずの子どもたちに完食を強要するのは、あまりにも無理があるように思うのです。

　もし皆さんの職場で、「完食」することや「好き嫌いせずに食べること」を大事なことと思いすぎていたら、その価値観、ちょっと手放してみませんか。◆

落ち着かない新年度

保育者に余裕がないと、子どもにも伝わる

　新年度、特に乳児クラスでは泣き声がたくさん聞こえてくる時期ですね。一緒にクラスを担任する保育者とのチームワークもままならない状態で新年度が始まりますから、子どもだけではなく保育者も、1年で一番気を張る大変な時期です。泣いている子どもへの対応に追われたり、子どもとの関係づくりに手こずったりして、思うようにすすまず、不適切な声かけが増えたり落ち込んだりする人も多いかもしれません。

　新年度に限った話ではありませんが、保育者側に余裕がないときには、子どもたちの気持ちに共感し、やさしく笑顔で声をかけて……とはなかなかできず、それによって子どもたちも気持ちが崩れていきます。そんな悪循環に陥ると、大きな声で叱ったり、子どもを動かそうと怖い言い方をしたりして、不適切な対応に発展しがちです。

　保育者側に心のゆとりがないときは、保育がうまくいかない。そんな保育者のつぶやきをよく耳にします。きっと多くの保育者が体験しているのではないでしょうか。

あせってもいいことはない

　保育をしていると、時間どおりに動きたいけれどうまくできずにあせる。そんな場面は多いのではないでしょうか。

　ホールでの集会前、おもらしがあったり片づけに手間取ったりして、「間に合わない！早くして！」なんてことはありませんか。会議があるから早く寝てほしいと思いながらの午睡時間。そういう日に限って、なかなか入眠してくれずに時間に追われてあせり、イライラしてしまうこともあるでしょうか。

　泣き止んでほしいのになかなか泣き止んでくれないなんてこともあるでしょう。泣いている子にじっくり付き合えればいいのですが、集団で生活していると、そうも言っていられない場面もあります。「そろそろ給食だからもう無理！　早く泣き止んで！」そんな気持ちでかかわっていると、保育者のあせりやイライラが伝わっているかのように、子どもはさらに泣いてしまいます。

　あせると脳の働きが低下し、思考力や判断力が落ちるといいます。あせっていつもな

らやらないミスをしてしまったり、早くせねばとイライラして子どもに強く当たってしまったりすることもあるかもしれません。振り返ってみれば、「悲しかったね」と一言共感の言葉くらいかけてもいい場面であっても、あせっているときには「いい加減にして！」なんて言ってしまうものです。

大きすぎるストレスは、ポジティブになりにくい

　ある程度のストレスは、やる気を刺激し、思考をフル回転させ、迅速な行動の活力になるといいます。しかしストレスが大きくなりすぎると、情報分析力が低下し、冷静さを失って適切な判断ができにくくなります。精神的に圧倒されると、解決方法を考えることが難しくなり、ポジティブな側面が見えなくなるともいわれています。

　保育は子どもが相手ですから、思うようにスムーズにいくことはあまりありません。思いもよらぬところで泣いたり、転んだり、トラブルが発生したりするものです。そうはわかっていても、今は泣かずにいてほしい、早くしてほしい、ここは急いでほしい、いつまでも待っていられない……そんな場面がたくさんあります。

　保育者も人間ですから、許容できる範囲を超えればあせり、イライラするものです。特に、しっかりやらなくてはと思える真面目な人ほど陥りやすい状況です。

感情は伝染する――セカンドハンド・ストレス

保育者の叱責で凍りつく保育室

　感情的になって怒っている上司を見たり、電車の中で怒りをあらわにしている人に遭遇したり、家族が家でイライラしていたり……そんな場面で自分まで嫌な気持ちになった経験はありませんか。身近にイライラしている人がいると、見ているだけでもイライラが募りストレスにつながってしまいます。こうした他人から受けるストレスは、「セカンドハンド・ストレス」と呼ばれています。　アメリカやドイツの大学・研究機関等の報告によると、ストレスというのは、他者へと伝播するといいます。不安を言葉や非言語で強く表現している人が視界に入ると、自分も同様の感情を経験する可能性が高く、それによって脳のパフォーマンスが悪影響を受けてしまうといいます。また、見知らぬ他者から

より恋人などパートナーからの影響が強く、言葉や表情に出さなくても、嗅覚から伝わることもあるというのです。

　保育者が「こら！」と子どもを怖い声で叱責すると、保育室全体が凍りつくことはありませんか。怒った人が部屋に入ってくるだけで、嫌な空気が流れることはないでしょうか。　実際に嫌なことを言われたわけではなくとも、イライラしている人が近くに来て空気が変わる、こちらまでイライラしたりドキドキしたりする、逆に元気な人を見るだけでこちらも元気をもらえたり、楽しそうな人を見るだけで幸せな気持ちになったりするかもしれません。

　このように、気持ちは伝染するのです。子どもたち、とりわけまだ言葉を主なコミュニケーションツールとしていない乳児において、大人の表情やその人の醸し出す空気感をよく見ているものです。保育者があせっていたり、イライラしていたりすると、それが子どもにも伝染し、何だか落ち着かず、そわそわしてしまい、いつも以上にトラブルが起きたり、スムーズにいかなくなるものです。

気持ちの落ち着かせ方

まずは大きく息を吐いて深呼吸

　人の呼吸は、喜びを感じているときには規則正しく、深くゆっくりであるのに対し、不安や怒りを感じているときには、不規則で、短く、速く、浅くなるといわれています。息を吐くと心拍数が下がるともいわれるので、特に大きく息を吐くことを意識して、深呼吸をしてみましょう。少し冷静さを取り戻せるはずです。

落ち着いている自分をイメージする

　あせってイライラしている自分を思い出して、後悔をしたことがある人は多いかもしれません。しかし、あせってしまう場面で、落ち着いて行動している自分をイメージしたことがある人は意外と少ないのではないでしょうか。

　イメージトレーニングは気持ちを明るくさせるだけでなく、実際に人の能力を向上させるという研究があります。バスケットボールのフリースローを毎日20分間練習したグ

ループと、毎日20分間うまくいくイメージトレーニングをしたグループを比較する実験では、30日後の技術向上率はほぼ同じだったといいます。

日常の中でバタバタしてしまいがちな場面、イライラしがちな場面を思い出し、落ち着いて対応する自分をイメージしてみましょう。保育の中では予想外のことが起こることももちろんありますが、急ぎたい場面でお茶をこぼす、おもらしをする、けんかが始まる……など、よくある場面はいくつか思い当たることでしょう。事前にイメージしておくと、少しずつ実際の場面でも落ち着いて行動できるようになっていきます。

マインドチェンジにつながる視点

「ピンチ」は「チャンス」!

保育がうまくいかなかった、こんな言葉をかけるつもりじゃなかったのに……そんなふうに落ち込むこともあるでしょう。落ち込む日が続くと、自分は保育者に向いていないんじゃないか？　もう無理だと感じてしまうこともあるかもしれません。しかし、うまくいかなかったときに「もっとこうしてみよう」と別の方法を考えられていたとしたら、どうでしょう。うまくいかないことがあるたびに、保育の引き出しが増え、レベルアップしていきますよね。次はこうしてみようかと考え試してみたり、周りの人のやり方を見てよさそうなもの盗んでみたり、先輩に相談したりしてみてもいいでしょう。そうやって繰り返していくうちに、保育のあの手・この手が増えていき、保育者として成長していくことができます。ピンチはチャンスになるのです。

頭ではわかっていても前向きに考えることが難しいと思う人は、言葉に出して言ってみましょう。大泣きしている子がいる場面で「これはチャンスだ！」とつぶやいてみるのです。「この子との信頼関係を深めるチャンス」「落ち着いて対応するスキルを手に入れるためのチャンス」そんな前向きな考えが湧いてくるのではないでしょうか。

言葉を変えていくことは、思考を変えていくことになります。例えば、雨の日に「ついてないなぁ」と言うと、気持ちまで落ち込んでしまいます。「雨だ！　チャンスだ」と言葉にしてみましょう。「雨の音を子どもと一緒に楽しめるかもしれない！」「やろうと思っていたゲームを子どもたちとやるチャンスだ」「お部屋で楽しい遊びを考えるチャンスだ」

と前向きな考えが思い浮かんではきませんか？　とらえ方次第でピンチはチャンスになります。落ち込んでいるだけでは前には進みませんから、言葉と思考を変えて、成長へとつなげていきましょう。

チームワークと共通理解

　冒頭の漫画で、保育者があせている原因の一つに、他の職員からの視線があります。園長や先輩に怒られないように、迷惑をかけないようにという気持ちであせることはありませんか。周りの目が気になって、余計にうまくいかなくなってしまうことがあるという話は、よく聞く悩みの一つです。

　年齢や一人ひとりに合わせた対応について共通認識が図られていないと、周りの大人の目が気になって、本意ではないかかわり方で子どもを急かしたり、叱ったりすることがあるように思います。

　泣いている気持ちは受け止めよう、少し時間がかかっても丁寧に対応したいよね、そんな対応の仕方や大事にしたいポイントを職員間で共有することができれば、あせらず落ち着いて対応できる場面が増えていくのではないでしょうか。また困ったとき、悩んだときに相談しあえる関係性も非常に大切です。

笑顔で、ゆっくり語りかける

　私の園では、着替えの仕方や食事の介助場面をより良くしていこうと、動画を撮って振り返ることがありますが、特にあせったりうまくいかなかったりする場面ではないにもかかわらず、自分の無表情さに驚き、「全然笑顔がなかった」という振り返りがとても多く出てきます。きっとうまくいかずにあせっている場面では、もっと暗い顔、いや怖い顔をしていることでしょう。

　あせっているときほど意識的に笑顔をつくり、ゆっくり語りかけてみましょう。楽しくないときでも、口角を上げて笑顔をつくると、快楽に関係した神経物質であるドーパミン系の神経活動が変化するそうです。気持ちも少し落ち着きます。ゆっくり語りかけることで、感情的に言葉を発することを防ぎ、落ち着いた対応をとれるようになります。◆

気持ちを落ち着かせる

◆ 急いでいるときほど、子どもにはゆっくりと話しかけるようにしています。子ども
  に保育者のあせりが伝わらないようにと思ってやっていますが、ゆっくり話すこと
  で自分自身を落ち着ける効果もあるように思います。

◆ 「よし、落ち着いてやってみよう」と子どもに伝えながら、自分にも言い聞かせて
  いることがよくあります。言葉に出すと気持ちが少し落ち着きます。

◆ 「ゆっくりゆっくり」を合言葉にして、あせったりイライラしたりしたときに、心の
  中でつぶやいています。自分にしっくりくる言葉を見つけられるとよいのかなと思
  います。

◆ 流れや見通しをしっかりもつことで、落ち着いて行動できるので、制作などの活動
  をするときには、事前に流れをイメージして準備をしておきます。

◆ あせっているな、イライラしているなと感じたら、深呼吸をして冷静な自分を取り
  戻すようにしています。

◆ 子どもへの対応がうまくいかずにあせっていたら、対応する保育者をチェンジする
  ようにしています。人が変わると落ち着いて対応できるだけではなく、子どもたち
  の気分が変わって動き出すことがあります。

◆ 子どもが泣いてしまったときにどうしようとあせることが多かったですが、子ども
  が泣いたり怒ったりするのは大切な表現の一つと先輩に教えてもらいました。子ど
  もが泣いてしまうと、早く泣き止ませる、早く次の行動に移させると思ってきまし
  たが、子どもの表現ととらえることで、「悲しいよね」と共感する言葉をかける余
  裕がもてるようになりました。

◆ 午睡時は、時間がないときでも、「時間がかかっても大丈夫」と自分に言い聞かせ
  ています。私自身が落ち着いているときのほうが、子どもたちが落ち着いて寝てく
  れるような気がします。

◆ 時間がないことであせることが多いので、時間に余裕をもって行動するようにして
  います。

◆ 子どもの泣きをどうにかしようとしてもどうにもならないことがあると職員間で確

認しました。職員間で確認したことで、「泣いていても早く泣き止ませないと」と、あせる気持ちがなくなり、どうしたの？　と子どもの気持ちにちゃんと向き合えるようになりました。周りの目を気にするからあせっていた部分が大きかったのではないかなと思います。

◆ 他人と比べて、できていなくて落ち込んだり、うまくやりたくて子どもに強く当たってしまったりすることが多かったです。人と比べることをやめて、自分なりにうまくできるようにがんばろうと思うようになってから、余計なことで落ち込んだりイライラしたりせずに保育ができるようになりました。

◆ 人のよいところは、比較するのではなくまねることが大事だと教わり、他の先生のよいところがあれば、まねをして自分のものにできるように努力しています。

◆ うまくできなかったときに、自分だけでどうにかしようすると余計にうまくいかなくなることが多かったです。周りの人に手伝ってほしいと声をかけられるようになったら、落ち着いて対応することができるようになりました。うまくいかないときほど、早めに周りに助けてもらうことが大切だと感じています。

◆ 0歳児、1歳児の新入園児は、必ず泣きます。新卒時代、先輩に「歌を歌うといいよ♪」とわらべうたを教えてもらいました。子どもが転んで泣いたときも、♪いたいのいたいのとんでいけ♪と歌ってしまいます。

◆ イライラしがちな時間・対象の子どもなどを書き出してみることにしています。最初は自分の気持ちを吐き出せるかなという動機でしたが、書いているうちに自分の"イラっとポイント"の共通点が見えてきて、感情のコントロールがしやすくなった気がします。

◆ 安全に気をつけたうえで、シンプルに目をつぶって5秒間数えるようにしています。

◆ うまくできなかった場面について、保育者の友人や先輩に相談するようにしています。自分だけで考えても、うまくいかないイメージばかりが湧いてきて落ち込みますが、相談すると「次はこうしてみよう」と前を向くことができます。◆

第1章
第2章
第3章

マインドチェンジ

MINDCHANGE

手放そう「スムーズな保育」

何年経つと「一人前の保育者」になれるのでしょうか？　私は「何年やっても半人前」そのくらいの気持ちが大切かなと思っています。向上心をもつという意味でもあれば、完璧な保育ができる、そんな気持ちにならないほうがよいという意味でもあります。

保育の経験が浅ければ、うまくいかずに失敗することはたくさんあるでしょう。準備に手間取ったり、子どもの気持ちを切り替えるきっかけがつくれず途方に暮れてしまったり、怒りすぎてしまったかなと反省したかと思えば、甘やかしすぎたなと反省する日もあるかもしれません。そんなことをしながら、保育者として成長していくものです。

では、ベテランになり、保育のスキルが上がったら、スムーズな保育ができるでしょうか。もちろん、経験を積み、スキルが上がれば、子どもの注目を集められたり、気持ちの切り替え方がうまくなったり、必要な準備を行えるようになったりして、スムーズな保育ができることでしょう。しかし、スムーズにいくことがよい保育ではありません。スムーズだったとしても、子どもが先生に怒られないようにと片づけをしていたらどうでしょう。いつも話し合いがスムーズに進むのは、「言っても無駄だ」と自分の意見を発信することをあきらめている子どもが多いからかもしれません。おもちゃの取り合いが起こらないのは、自分の気持ちを抑えている子どもが多いからかもしれません。

子どもの気持ち、子どもの育ちを大切にしていくと、保育はきっとスムーズにはいかないのです。にもかかわらずスムーズな保育を目指すと、そのしわ寄せは子どもたちにいきます。きちんとさせなくてはと思い、言うこと聞きなさい！　泣くんじゃないの！　けんかはしないの！　と、子どもの気持ちや育ちを無視した要求をするようになってしまいます。しっかり言うことを聞かせられる保育者にならなければ、そんな思いも湧いてきて子どもをコントロールするような声かけをすることがあるかもしれません。

うまくいくように保育計画を立て、準備して、工夫していく姿勢は非常に大切です。しかし大事なことは保育がスムーズなことではありません。皆さんや周りの保育者が「スムーズな保育」を目指してがんばっているとしたら、一度手放してみてはどうでしょう。◆

楽しく子どもが集まる保育を目指して

その活動は楽しそう？

　保育士1年目、2歳児クラスを担任した私は、集まってきてほしい時間になかなか集まらない子どもたちを見て、まさに漫画のように「どうして言うこと聞けないの？　ちゃんと大人の言うことを聞きなさい！」と思っていました。「紙芝居を読むからこっちに集まってね〜」そんな声かけで素直に言うことを聞いてくれて集まって来てくれる子は良い子、そうでない子は大人の言うことを聞けない悪い子だと思っていました。

　そんな中、いつも集まって来ようとしないR君が、一番に保育者のところにやって来て話を聞く瞬間がありした。それは、私が乗り物の紙芝居を読もうとするとき。大好きな乗り物のお話が始まるときだけは一番にやって来て、集中して話を聞くのです。毎日乗り物の紙芝居を選んでいるわけにもいかないので、どうしたものかと思っていたのですが、私がぬいぐるみを使ったり、歌を歌ったり、曲をかけて絵本を読んだりするときには、少し興味を示してやって来てくれるようになっていきました。

子どもの主体性を伸ばす

　楽しそうなことがあれば、子どもたちはすぐに集まって来る。目をキラキラさせながら話を聞こうとする。これはどの園でも見られることなのではないでしょうか。そうだとすると、子どもたちに「話を聞きなさい！」と言う前に、保育者側が興味をもてる工夫をしなくてはなりません。その工夫の一つとして大活躍するのが「演じる」スキルです。

　子どもたちの興味をひくように演じるのは、最初は少し恥ずかしいかもしれませんが、このスキルをもっておくと、怒ったり引っ張ったりして無理やり子どもたちを動かすことは必要なくなるでしょう。子どもたちも「先生に怒られるから話を聞こう」ではなく、興味をもって自分から話を聞くという姿勢を身につけることができます。

　演じるには、声の大きさやトーン、間の使い方、表情がキーポイントになります。そして大事なのは子どもたちが「楽しそう」「聞きたい」と思うかどうかです。話が上手な保育者のやり方を見てまねてもよいでしょう。動画を撮って自分の様子を見てみることもおすすめです。楽しそうであれば、子どもはきっと話を聞いてくれます、集まって来てくれ

第1章　第2章　第3章

ます。演じるスキルで子どもたちの心をつかみ、日常の保育をより楽しくより充実したものにしていきましょう。

「演じる」スキルのいろいろ

　集まりの場面だけではなく、さまざまな場面に応用できる演じるスキル。自信をもつこと、人の役に立つ喜びを感じること、感性を育むことにも一役買ってくれそうです。

「教えてくれる？」―― 頼ってみる

　子どもたちは、大好きな保育者に頼ってもらえることや、自分が知っていることを人に教えることが大好きです。「お片づけの場所がわからないんだけど、どこにしまうのかな？　教えてくれる？」と聞くと、1・2歳児であっても「知っているよ」「ここだよ」と張り切って教えてくれることがあります。「ありがとう」「助かったよ」そんな言葉をかけることで、役に立った喜びを感じたり、自信につながることもあるでしょう。

「ねぇねぇお母さん！」―― ごっこ遊びの世界に入る

　片づけの場面、子どもたちが遊んでいるごっこ遊びの世界に保育者が入り、例えばお母さん役の子に「お母さん、すみませんがこれ洗ってもらえるかしら？」と言うと、お皿を洗って片づけをしてくれます。子どもたちも役になりきって楽しんでいるので、保育者もその世界を大事にしながら片づけのお知らせをするとスムーズです。お人形で遊んでいるならば、ベッドに寝かせてあげたり、ミニカーで遊んでいるなら駐車場に車を停めたりすることで、子どもたちは最後まで楽しんで終わりにしていくことができます。

「わぁ、大変だ」―― 困ってみる

　「あ、大変、もうこんな時間だ！　ホールに行かないと行けないのに、どうしよう」そんな保育者の思いを声に出してみると、4・5歳児であれば「大丈夫だよ、急いで片づけよう」と保育者を励まし、「みんな片づけだよ」と周りの子に声をかけてくれるなど、頼もしい姿を見せてくれるものです。

　何でも保育者が指示をして、子どもはそれに従うというコミュニケーションでは、自分で考え行動する力はついていきません。保育者が演じるスキルを使うことは、次の活動の見通しを立て、考えて行動する力を育むことにもつながります。

「え!? すごーい」── ほめる

　すごいでしょ！　と言わんばかりにできるようになったことをやって見せてくれることがあるでしょう。子どもだけではなく大人も、ほめてもらえることで意欲が湧き、もっとがんばってみようと力が湧いてくるものです。あまりほめ言葉を多用しすぎて、「ほめられるためにがんばる」となってしまうのは避けたいところですが、"ここはほめどき"というところでは、ぜひ演じるような気持ちでほめましょう。

　大げさに喜んでほめるのか、感心したようにほめるのか、にこやかにほめるのか、子どもたちに何を伝えたいのかを考えて、演じ方を加減していきましょう。

「あれ、何でかな？」一緒に考えてみる

　おもちゃの取り合いをするA君とB君の仲裁に入り、「A君が先に使っていたのだからA君のものです、返しなさい」と、どう解決するかを保育者が決めてしまう。そんな場面はありませんか。トラブルのたびに保育者が毎回解決しようとすると、子どもたちは自分の貸したくないという気持ちを感じたり、相手だって使いたかったんだという相手の気持ちに気づいたりする機会を失ってしまいます。何かトラブルがあれば、「先生、解決して」と保育者頼みになっていくこともあるかもしれません。A君はどうしたかったの？　B君はどうしたかったの？　そうか、ではどうしたらいいんだろう？　と保育者も一緒に考えていくことが大切でしょう。

　保育者自身の声かけやかかわりによって、子どもにどんな力が育まれるのか？　どんな経験を積むことができるのか？　そんなことを考えて、意図をもって「演じる」をうまく使えるといいですね。

「わぁーきれい！」── 感動する

　きれいなものを見て、「わぁぁぁー見て、きれいだね！」少しおおげさなくらい感動し

ていると、子どもたちは興味をもって見に来て、「本当だ！　すごいね！」と一緒になって感動する。そんなことはありませんか？　保育者の反応によって子どもたちの感情の育ち方が変わってきます。

保育者は常に演じている？

保育者の演じ方次第で、子どもの育ちが変わる

　こうしてさまざまな場面で活用できる「演じる」について考えてみると、「演じる」は保育をする上で大切なスキルであるといえるでしょう。保育者がどんな様子でどんな声をかけるのか、つまりどう演じるのかによって、子どもたちの考える力が育つこともあれば、育つ機会を奪ってしまうこともあるでしょう。子どもたちが自信をつけることもあれば、感性を育むこともあるのです。

　保育者は感情で保育をしていてはいけません。保育所保育指針にも「保育所における保育士は（中略）倫理観に裏付けられた専門的知識、技術及び判断をもって、子どもを保育するとともに、子どもの保護者に対する保育に関する指導を行うもの」（第1章　総則）と書かれています。子どもたちが集中して遊んでいるから、今はそっとしておこう。今日は楽しさを味わってほしいから、保育者が一緒に遊びに入って思い切り楽しんじゃおうなど、保育者の立ち居振る舞いが、子どもたちにどう影響するのかを常に意識し、専門的な知識を活かして判断しながら保育をする必要があります。子どもにいけないことを伝える際にも、真剣に受け取ってほしいからこういう表情で伝えようなどと考え、かかわり方を検討していく必要があります。

子どもの「嫌！」へのかかわり方

ストレートがだめならちょっと変化球

　いけない理由、やってほしい理由をきちんと伝えようと「これはだめ」「こうしなさい」と怖い表情で伝えてしまうことはありませんか。いけない理由を伝えることは大切ですが、そればかりでは大人も子どもも苦しくなってしまうことがあるように思います。そん

なとき、ちょっと変化球を投げられる余裕があるといいなと思います。

　例えば、片づけをしない子に、片づけの必要性について話し続けても、なかなか片づけを始めてくれない、散歩では手をつながないと危険だよと言っているのに嫌だとつなごうとしない。おむつがパンパンなのに取り替えることを嫌がる……特に2歳児前後では、そんな姿がみられるのではないでしょうか。

　理由を伝えて、ちゃんと行動できるようになってほしいと思うと、懇々と伝えようとしがちですが、子どもは嫌と言ったら嫌！　そんな姿勢を崩してくれないこともあるでしょう。「だめって言っているでしょう！」「でも嫌！」そんなやりとりでらちがあかなくなってしまうこともあるように思います。

　しかし、子どもたちは意外とやるべきことや言われていることはわかっているもの。ふざける気持ちが勝っていたり、「嫌」という気持ちを引っ込めることができなかったり、気が乗らなかったりして、なかなか言うことが聞けないこともありますが、2歳児にもなれば本当はわかっているのです。

　そんなとき、正面からやるべき理由を伝えるだけではなく、子どもたちが気持ちを少し切りかえて行動に移せるきっかけづくりができるとよいと思います。

気持ちを切りかえて行動に移せるきっかけづくり

　例えば、片づけをしない場面では「あなたを片づけレンジャーレッドに任命します」と言うと、子どもたちは喜んで片づけをしてくれます。耳元で、小さな声で片づけのお願いをしてみてもよいかもしれません、手をつなぎたくないという場面では、保育者の指の先に顔を描いておいて「ねぇ、お手手つなごうよ」と言えば、面白がってつないでくれます。おむつを替えたくない！　とかんしゃくを起こして泣いても、「そっか、嫌なんだね」と気持ちを受け止めながら、「そういえば、今日の朝ごはん何食べてきたの？」と話題を変えて、雑談を楽しんだり、「○○ちゃんが好きな歌は何？」と言いながら季節の童謡を歌ってみたりすると、すんなり足を上げて着替えモードに切り替わってくれたりします。

　子どものやる気スイッチは、正面にあるわけではなさそうです。正面から説得することに真剣になりすぎず、ちょっとユーモアを交えたり、さらっと話題を変えてみたり、そんなあの手・この手を試してほしいなと思います。◆

保育者が演じる

◆ 少しおおげさかなと思うくらいに「今日は○○を持ってきたよ」とおもちゃを出すと、子どもたちは目を輝かせて、積極的に活動に参加してくれます。

◆「今から大事な話をするよ」「1回だけだよ、よく聞いてね」と小さい声で言うと、静かになり集中して聞く姿があるので、大事なことを伝えるときに使っています。

◆ 子どもの名前を呼んでいくような、コミュニケーションがある手遊びなどをして盛り上がっていると、自分も当ててほしくて集まってくることが多いので、特に早く集まってきてほしいときに使います。

◆ ぬいぐるみやパペットを出すと、子どもたちはよく聞くし、タッチをしたくてまだ集まっていなかった子も急いで集まってくれます。保育者よりもぬいぐるみの言うことのほうが聞いてくれるので、「まだブロックが片づいてないよ、待っているから片づけてきてね」と言うと、何人もの子が片づけに行ってくれます。

◆ おばけの話をするときは、部屋を暗くしたり、お祭りごっこをするときにはお囃子のBGMをかけたりと、可能なときは世界観を演出するようにしています。とても盛り上がります。

◆ 舞台を使って紙芝居を読むと、いつも以上に集中して聞いてくれます。

◆ おもちゃを踏んだふりをして「痛い痛い！ こんなところにおもちゃが落ちていたから踏んじゃったよ。ちゃんと片づけないと危ないね」とやっていると、子どもたちは「おもちゃが出っぱなしだと踏んじゃうよね」と言って、片づけてくれるようになりました。

◆ ままごとを片づけるときは「お母さん！ お皿洗ってもらってもいい？」車や電車遊びを片づけるときは「運転手さん、車庫に戻してもらえますか？」など、遊びの延長で子どものイメージの中に入っていきます。「片づけ」と言うとどこかへ行ってしまう子も、役割遊びの延長なら「OK！」「いいよ！」とはりきってくれます。

◆ 今の力で十分にできることでも、「ちょっと難しいことなんだけどね〜できるかな〜どうかな〜」と少しもったいぶりながら話したりします。もったいぶっている間に「ナニナニ？」と前のめりに話を聞いたり、「ちょっと難しい」というフレーズに

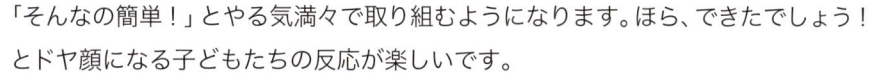

「そんなの簡単！」とやる気満々で取り組むようになります。ほら、できたでしょう！とドヤ顔になる子どもたちの反応が楽しいです。

◆ 片づけが進まないなど困った状況になったときに「ちゃんとやって！」と言いたくなりますが、「どうしよう、困ったな」と言うようにしています。片づけをしないとおもちゃがなくなっちゃうかもしれないし、このままじゃ布団が敷けないしと、片づけの必要性について話をすると、子どもたちは「そうだよね」と手伝ってくれることがあります。

◆ 給食の時間にレストランという設定にして、保育者がウエイターになりきると、子どもたちは楽しんで食事の準備を始めてくれます。「いらっしゃいませ。お客さま、こちらにお座りください」となかなか座らない子を席に促したり、「他のお客さまのご迷惑となりますので、静かにしてくださいませ」「お客さま、料理がこぼれてしまいますので、しっかり前を向いてお食べください」と食事のマナーを伝えると、子どもたちは静かにしたり、姿勢を正したりしてくれます。

◆ 片づけのお知らせをするときに、お店の店内放送のように「ピンポンパンポーン、〇〇組の皆さま、そろそろお片づけの時間が近づいてまいりました。お片づけが終わりますと、おいしい給食のお時間となります」と話すと、子どもたちは面白がり、放送をよく聞いて片づけを始めてくれます。

◆ けんかの仲裁に入るとき、「こんにちは、私は平和の星からやってきたヒーロー〇〇です、今、けんかをしていましたね？　何があったか教えていただけますか？」とヒーローになりきって聞くと、険悪なムードがなくなり、自分の気持ちや理解している状況を話してくれることがあります。

◆ がんばったことやうまくいったこと、ゲームで勝ったときの勝因について、保育者がリポーターになってヒーローインタビューのようにして聞きます。子どもたちは喜んで答えて、周りの子も面白がって友だちの工夫やがんばりについてよく聞いてくれます。❖

マインドチェンジ

MINDCHANGE

その指示に、無理はない？

　まだまだじっとはしていられない子どもたちに、「座ってと言っているでしょう！」「立ちません」と保育者が怖い顔をして子どもたちを必死に止める、そんなことはありませんか。

　ある園では、1歳児クラスで絵本の読み聞かせをする際、前に出てこないようにと、ビニールテープで床に線を引き、前に出ようとする1歳児を保育者が必死に止めようとしていました。別の園では、1歳児の手洗い場面で、他の子が洗っている間「座って待っていなさい」と、いつも保育者が怖い顔で怒って待たせていると言います。午睡時、途中で起きた2歳児に「お布団でゴロゴロしていないとだめ」と怒って、何とか布団の中にいさせようとしている園があるとも聞きます。

　絵本を読んで、指を指したいさかりの1歳児を止めるのも、ジッとはしていられない1・2歳児を待たせたり、ゴロゴロさせたりするのも、保育者は大変です。笑顔で座っていてねと言っても、楽しそうに演じてみてもなかなかじっとはできませんから、怖い顔と声で言うことを聞かせようとして、不適切な保育に発展してしまうのです。

　スキル3「演じる」では、「ちゃんと話を聞きなさい！」と言う前に、子どもが興味をもてるような工夫をしようと話してきましたが、その要求自体が年齢に合っていないもの、その子どもに適したものでない場合には話が変わってきます。子どもが言うことを聞いてくれないと悩むことがあったら、その指示自体に無理はないか、一度振り返ってみましょう。いくら怒っても言うことを聞かない！　そんなふうに嘆いている保育者の話を聞くと、実は要求自体に無理があるということも多いものです。◆

スキル 4 問いかける

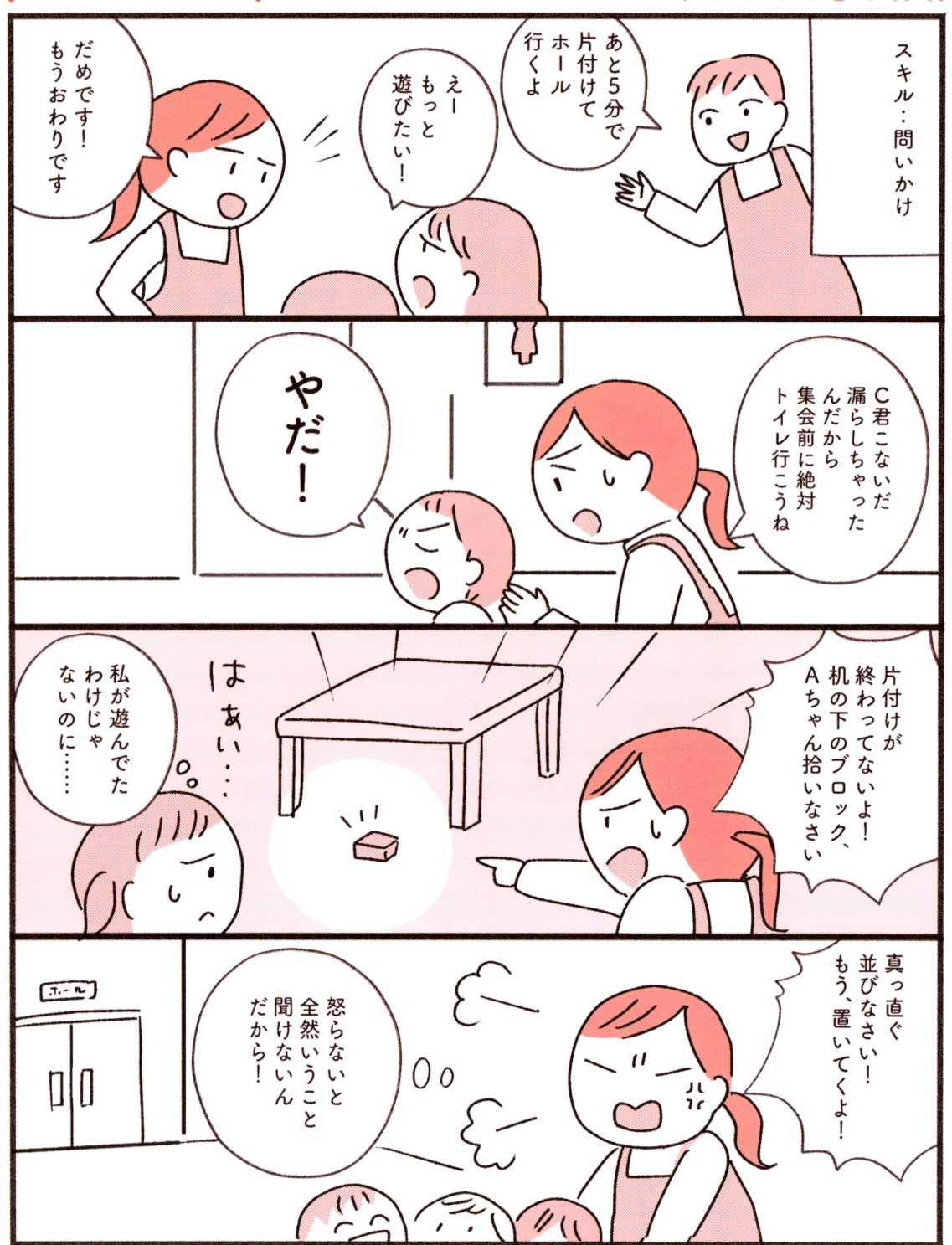

「教える」から「ともに考える」へ

声をかけすぎる保育者

「ここに並んでね」「次はトイレに行って」「手を洗ったら座ってね」……と保育者が子どもたちに指示をすること、日常の中にどのくらいありますか？　子どもたちは、保育者に言われるがまま動いている、そんなことはありませんか？

幼児になれば、先生に言われたから手を洗う、先生に言われたからトイレに行く、という受け身の行動ではなく、どうしたらよいのか考え、意味がわかり、自分で考えて行動できるようになってほしいものです。しかし、保育者がいつも指示ばかりしていると、子どもたちは考える機会を失い、言われるがままに行動せざるを得なくなります。子どもたちが、指示をしないと動けない、そんな状況は実は保育者自身が招いているのかもしれません。

子どものことを思って、もっとこうして、次はここだよ、そんなふうに声をかけすぎている状況は、多くの園で起こっているように思います。よほど気にしておかないと、保育者は子どもたちにアドバイスし、コツを伝え、たくさんの指示をしてしまいがちです。

「問いかけ」のスキル

そこで意識しておきたいのは、「問いかけ」のスキルです。今はどうしたらよいのかな？　どうしたらうまくいくのだろう？　と答えを教えるのではなく、一緒に考えるのです。問いかけられると、どうしたらよかったのかな？　もっとこうしてみようかな？　これはやめたほうがよさそうと、子どもたちは自分の頭で考え始めます。

私が年長児を担任していたとき、一緒に担任をしていた保育者はとても心配性でした。例えば手を洗うときも、袖をまくって！　もっとまくらないと濡れちゃうよ！　と手取り足取り指導していました。その場では、子どもたちは袖を濡らさずに手洗いをすることができるのですが、その保育者がいないところでは、袖をうまくまくれずに濡らしてしまうのです。そんな様子を見て、子どもたちが自分の頭で「濡れないようにするにはどうしたらよいか」と考えることのほうが大事ではないかと感じるようになりました。

濡れてしまったら、どうしたら濡れないのかを考えるチャンスになります。どうして濡

第1章

第2章

第3章

れてしまったのかな？　次はどうしたらいいのかな？　と問いかけ、一緒に考えるのです。そうして小さな気づきを積み重ねていくと、子どもたちは行動の意味がわかり、保育者に指示されなくとも自分で考えて行動できるようになります。

子どもの失敗のとらえ方

失敗は学びのチャンス

　2歳児クラスでの話です。少しお調子者で、おふざけが楽しくなってしまうことが多いK君。おやつの時間、飲み終わった空の陶器のコップをコロコロと机の上で転がして遊び始めました。まっすぐ転がらずに少し湾曲する様子がどうやら楽しかったようで、ケラケラと笑いながら楽しそうにコップを転がします。

　保育者が「そんなことをしたらコップが割れちゃうでしょう！　だめ！」と言って取り上げてK君の遊びは終わるわけですが、そんなやりとりが毎日繰り返されていきました。

　ある日、「K君、コップって転がして遊んでよいのかな？」と聞いてみました。K君は「だめ！」と答えました。「どうしてだめなの？」と聞くと「だって、先生が怒るから！」と自信満々の様子で答えました。保育者は「だめ！」と言って取り上げるたびに「割れちゃうんだよ」「割れたら怪我しちゃうよ」などとだめな理由を伝えていたのですが、K君にはどうやら伝わっていなかったようです。

　翌日、いつものようにコップを持って転がそうとしたK君、手が滑ってコップが陶器の皿の上に落ち、お皿が2つに割れてしまいました。目を丸くして驚く様子のK君。保育者は「ほら、だからだめって言ったでしょう！」と、急いで片づけようとしましたが、私はチャンスと思い、急いでK君の近くに駆け寄りました。「このお皿、どうして割れたかわかる？」と問いかけると「コップとぶつかって割れちゃった」と答えます。「そうなんだよ、コップもお皿もね、ぶつかったり落っこちちゃうと、こうやって割れちゃうんだ」「割れたものに触るとね、手や足が切れて血が出ちゃうんだよ」K君も周りにいた子どもたちも、そうなんだと静かによく聞いていました。

　それからK君は、コップで一切遊ばなくなりました。周りの子どもがコップを持ってふざけそうになると、「だめだよ、落ちたら割れちゃう」と真剣な表情で教えてくれる姿が

見られるようになりました。

身になる学びにつながる試行錯誤

　子どもたちはさまざまなことを体験しながら学んでいきます。K君はお皿が割れてしまった場面を体験したことで、「割れちゃうからだめ」の意味を理解することができたのでしょう。子どもたちが失敗しないようにと保育者が指示をしたり、こうしたらよいよと教えたり手伝ったりしてしまえば、うまくいくことは多いでしょう。

　しかしそれは、子どもたちの自分の頭で考え、実際に体験し、理解する機会を奪うことになるかもしれません。失敗は学びのチャンス。転んだり、けんかをしたりする場面も大切な学びのチャンスです。どうしてうまくいかなかったのだろう？　どうしたらよいのだろう？　と考えて試行錯誤していくことが、身になる学びになるのです。

　もちろん年齢や発達、状況によって、指示やアドバイスが必要な場合もあります。どの程度の問いかけが適切か、保育者も試行錯誤しながら考えていくことが大切です。

自分で考えて行動する力

　グローバル化、デジタル化が進み、世界的な人口爆発と同時に、日本国内では人口減少、超高齢化社会などの社会構造の変化、さらには地球温暖化による気候変動や異常気象。人々の価値観もどんどん変わっていく、変化の多い時代になってきているということは、誰しもが肌で感じるようになっているのではないでしょうか。

　困難かつ予測不可能な時代＝VUCA時代（VUCAとは「Volatility:変動性」「Uncertainty:不確実性」「Complexity:複雑性」「Ambiguity:曖昧性」の4つの単語の頭文字をとった造語）に突入したといわれています。そうした環境の中で、自らの意思で進路を選択し、社会で生きていくための資質や能力を育んでいくことが必要といわれる今、この「問いかけ」のスキルは非常に大切といえるのではないでしょうか。

　先生がこれをやれって言ったから、先生がだめって言ったから、みんながやっているから……も時には大切ですが、僕はどうしたいんだ？　私はどうしてこれをやるんだろう。そんな自分の頭でしっかり考え、工夫できる力を育むためにも、「問いかけ」のスキルをマスターしていきましょう。◆

子どもに問いかける

◆ 2歳児の保育室のドアが開くと、子どもたちが何となく部屋を出ていきます。だめでしょ！　と腕を引っ張って止める保育者もいますが、「どこに行くの？」と問いかけると、子どもが自分で考えて戻ってきてくれます。

◆ 特に幼児クラスの子どもたちには、問いかけることを大切に保育しています。片づけの時間にふざけていたり、静かにしてほしいときに騒いでいたりもしますが、「今はどうしたらよいのかな？」「それはどうして？」と問いかけます。どうして静かにしたほうがよいのか、その理由まで問いかけて一緒に考えることで、意味がわかって行動できるようになると信じています。

◆ 失敗したり少し折れてしまったりした折り紙を、すぐに捨ててしまう子どもが多かったので、子どもたちにどうしたらよいかと問いかけてみました。大切に使おう、少し折り目があっても使えるよと子どもから意見が上がり、大切に使うようになっていきました。問いかけることで大人がこうしなさいと伝えるより、子どもたちが納得感をもっているように感じます。

◆ 運動会ではどんな出し物をしたい？　衣装はどうするなど、年齢に合わせて子どもたちに問いかけ、一緒に考えるようにしています。

◆ 片づけがなかなかスムーズにいかないときは、子どもたちに問いかけるようにしています。片づけをしないとおもちゃがなくなる、踏んで壊れる、次に遊ぶときに困るなど、幼児クラスで話し合う時間を設けると、片づけをする意味について子どもたちが口々に発言してくれます。片づけの必要性が確認できると、積極的に片づけをする姿があります。しばらくするとまた片づけをしなくなりますが、再度話し合いの機会を設けて、子どもと一緒にどうしたらよいかを考えるようにしています。

◆ 片づけをしない子どもが多かったので、子どもたちと話し合いの時間をつくったところ、BGMをかけたら楽しく片づけができるのではという意見が上がり、子どもたちが好きな曲をかけて片づけをするようになりました。みんなで話し合ったことなので、保育者が何も言わなくても楽しそうに片づけをしてくれるようになりました。

◆ 一人(A)はふざけているつもり、もう一人(B)は嫌がっている場面では、ふざけているつもりの子どもの動きを止めつつ「ねえ、Bちゃんはどんな顔をしているかな？」と相手の表情を見てもらえるように問いかけます。「どう？　どんな顔している？」と、相手の顔を見たあとにもう一度問いかけて、「Bちゃんはどんな気持ち？」と相手の子にも問いかけます。「相手の気持ちがわかるようになる」「自分の気持ちを言葉で伝える」などは、そういう問いかけの先に育っていくと信じて根気よく続けています。

◆ 特に3歳以上の保育になりますが、新しい遊具などを出すときはその遊具に対する「決まり」を確認することが大事だと思っています。それを一方的に伝えるのではなく、問いかけるようにしています。例えば、水遊びの道具を出すときに、ペットボトルの蓋ならば「これ、口に入れちゃったらどうなるかな？」そうすると「のどにつまっちゃう」など子どもなりの考えが出てきます。「そうだよね、それならどうしたらいいと思う？」「口には入れない」「うん！　それがいいね！」バケツなら「これ、こうやって踏んだらどうなる？」「壊れちゃう」「壊れちゃったらどうなる？」「使えなくなっちゃう」「使えなくなっちゃってもいい？」「やだ……」「じゃあどうする？」と一緒に考えていく時間を作るようにしています。◆

スキルを使ったかかわり

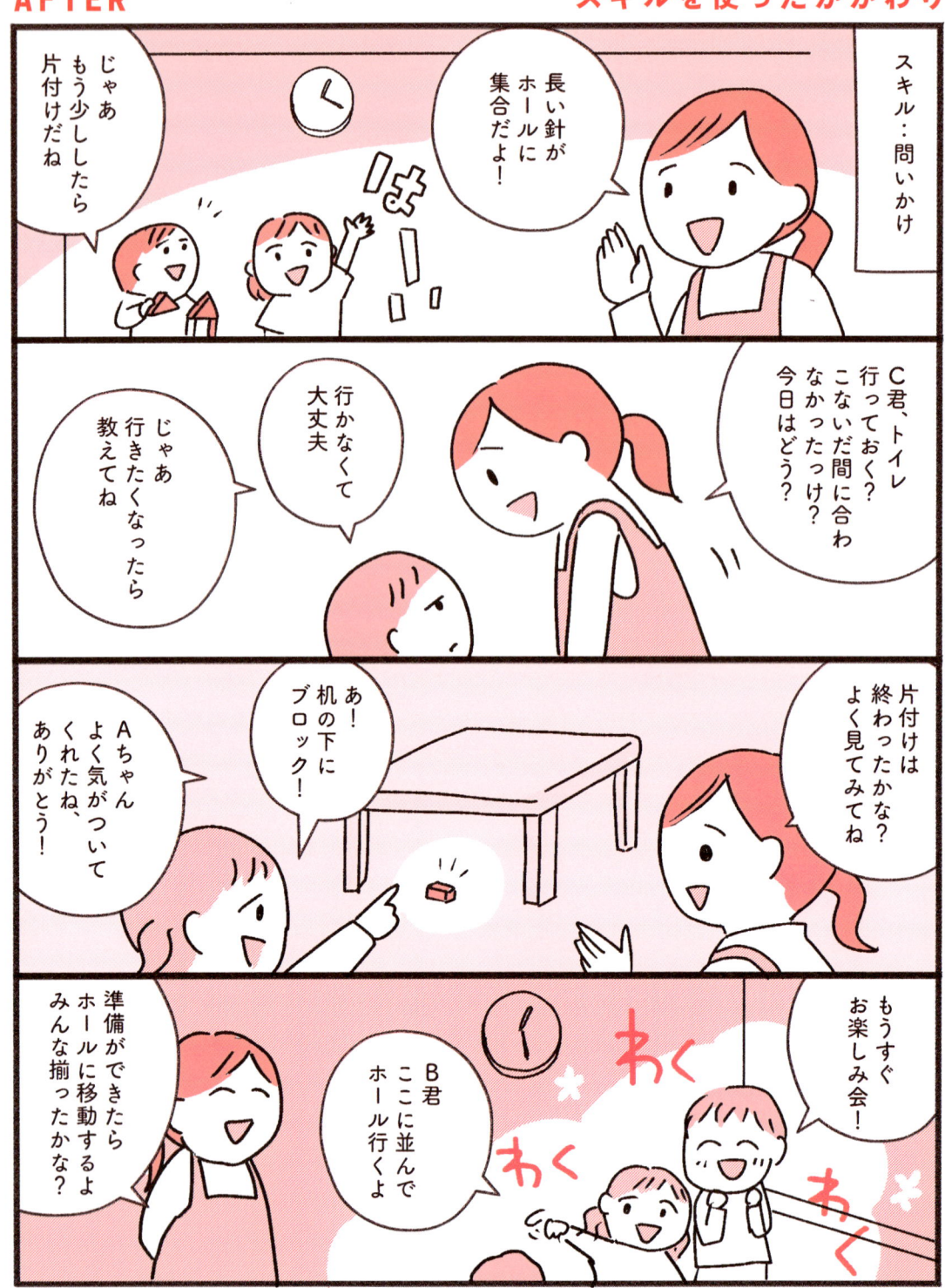

マインドチェンジ

MINDCHANGE

主人公は誰？

　「お手手つなごうね〜」といって、子どもの手首を無理やり握る。そんな場面があったとき、子どもは「手をつないでいる」と感じるのでしょうか。それとも「手をつながれた」と感じているのでしょうか。「鼻水出ているよ」と嫌がる暇も与えずに、さっとティッシュで拭く。これはどうでしょうか？　子どもは鼻水を拭いているのでしょうか？　拭かれているのでしょうか？

　私たち大人は、美容院で髪を切りますよね？　「髪を切られた」と感じる人はいるでしょうか？　髪を切られに美容院に行く人はきっといないでしょう、きっと誰でも美容院へ髪を切りに行きます。自分でハサミを握るわけではないのに、行動の主人公は自分になるのです。その違いは何かと考えてみると、「問いかけ」の大切さが見えてきます。美容院では、何も聞かずに髪を切ることはしませんね。「今日はどんな髪型にしますか？」「前髪はどうしますか？」「このくらいでどうですか？」「髪を乾かしますよ」「熱かったら教えてくださいね」そんなふうに、こちらの希望を丁寧に聞き取り、状況を伝えながら進めてくれるでしょう。だから私たちは、髪を切る主人公でいることができるのです。

　保育園での生活や遊びの中で、子どもたちは主人公になれていますか？　座らされる、着替えさせられる、食べさせられる、寝かされる……そんなことはありませんか。もちろん、年齢や発達に応じて保育者が手伝う必要があるときもあります。小さい子の着替え場面でも、「今からお着替えをするよ」「手を抜いてね」「頭を出すよ」と丁寧に声をかけて進めていれば、子どもたちは「手伝ってもらって自分で着替えた」と感じることでしょう。声をかけずに行っていると「着替えさせられた」と感じるのかもしれません。

　幼児になれば、生活面に関しては自立していきますが、並ばされる、制作させられる、片づけさせられる、練習させられる……そんな場面はありませんか。生活の主人公は「子ども」です。もっとちゃんとしてほしい、こうあってほしい……そんな理想があると、ついこの視点が抜けてしまうことがあります。「問いかけ」スキルをうまく使って、子どもが主人公になる保育を目指していきましょう。◆

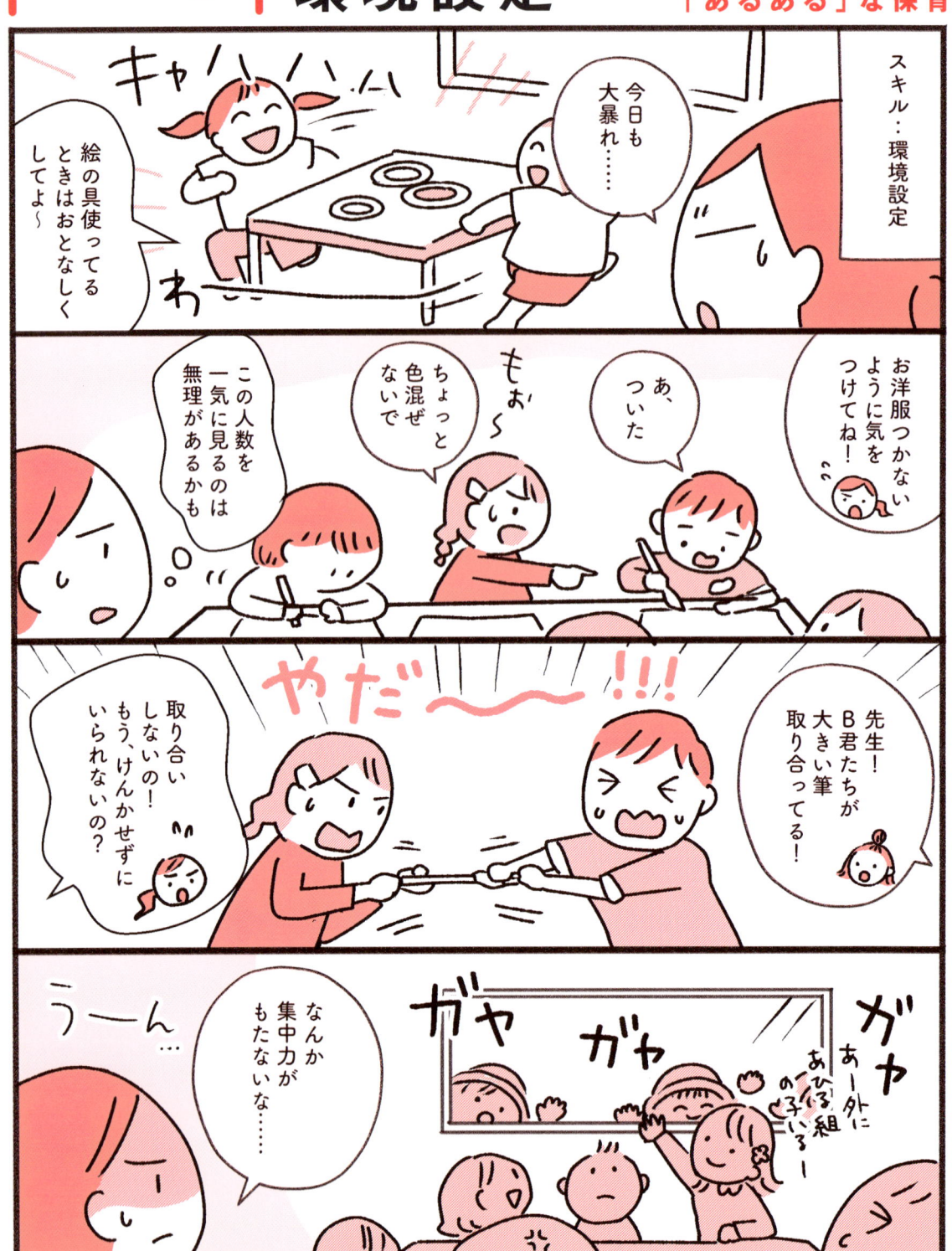

言うことを聞いてくれない子どもたち

言うこと聞かせるスキル探し

だめと言っているのになかなか伝わらない、何度も言っているのに毎回けんかが始まってしまう。保育をしていればきっと誰もが経験し、悩んだことがあるのではないでしょうか。乳児であれば、場所やおもちゃの取り合いで押しあったり、引っかいたり、噛みついたり。触ってはだめと言っているのに触り、登ってはだめと言っているのに登る……こういうことはよくありますよね。幼児であれば、何度仲裁してもおもちゃの取り合いは起こるし、順番だよと伝えていても、先にやりたいとけんかをすることもあるでしょう。

新人保育者だった頃の私は、保育室では走らないでといつも言っているにもかかわらず、保育室を走り回る2歳児を見て「どうして走るの？」「お部屋は走っちゃだめって言っているでしょう」と、よく怒っていました。それでも言うことを聞かない子には、どう伝えれば言うことを聞くようになるのか、もっと怖い顔をしたらいいのかな？　もっと怒ったほうがよいのだろうかと悩んでいました。どうにかわかってほしい、良い子になってほしい、そんな想いがエスカレートして、いつの間にか、不適切な言葉かけやかかわりをしていたように思います。

環境に問題はない？

しかし、思い返してみれば、走っちゃだめという場面は、見え方によってはグルグル回ると楽しそうな配置で机が置かれていたり、思い切り走り出したくなるようなホールに行ったりしたときでした。つまり、つい走りたくなるような環境があるんですね。子どもたちが思うように動いてくれない、何度言っても伝わらないというとき、どういう言い方をすればよいのか、どうかかわればよいのかと悩むことが多いように思います。

しかし保育者のかかわりだけでどうにか解決しようと思ってしまうと、真剣さを伝えようと大きな声で叱責することもあれば、何度も言っているのに同じことを繰り返す姿にイライラすることもあるかもしれませんね。不適切な保育につながりかねない場面です。走りたくなるような環境を用意しておきながら「走るな」と言っているとしたら、専

門性をもった保育者とはいえませんね。子どものせいにするのではなく、「環境設定」を見直しましょう。

　例えば、机の位置を変えるだけで、遊びのコーナーに仕切りをつくるだけで、おもちゃを入れ替えたり、おもちゃの数を加減したり、園庭に線を一本引くだけで驚くように解決する、そんな問題が多いものです。

場面に応じた環境の見直し

おもちゃの数

　ブロックはたくさんあるものの、長いブロックを取り合っていつもけんかが起こる。ミニカーはたくさんあるのに、ピカピカの赤い車が人気でいつもけんかが起こる。そんなことはありませんか？

　複数の子どもが集まれば、けんかが起こることもあるでしょうし、コミュニケーションを学ぶ大切な場面でもありますから、けんかが起こらないようにと考えすぎる必要はありません。しかし、いつもいつもけんかになるとしたら、「いい加減にしなさい」「どうしていつもけんかをするの？」と言う前に、環境を見直す必要があるでしょう。数を少し増やせば、今までけんかばかりしていた様子が一変し、友だちとお気に入りのおもちゃで一緒に楽しく遊ぶ姿が見られるかもしれません。逆に、数や種類が多すぎることで散乱してしまい、遊び込みづらくなっていることもあるでしょう。子どもたちの遊びの様子を見ながら調整し、検証していくことが大切です。

子どもが集中できる環境づくり

　保育者の話を集中して聞いてくれない、紙芝居を読んでいるのに集中できずに騒いでいる、そんな場面は乳児でも幼児でもあるかもしれません。「話をしているのだから聞きなさい！」と言う前に、集中できる環境が作れているのか、振り返ってみることが大切です。

　例えば、保育者が話をする後ろに魅力的なおもちゃがたくさん見えていたり、人がたくさん行き交う通路だったりすれば、そちらに気をとられて集中できなくても無理はな

いかもしれません。

　何もない床に座るよりも、座る場所が明確なじゅうたんやマットを敷いたほうが落ち着いて座れますし、段差があったほうが落ち着いて座りやすいですね。椅子のほうが自分の場所が決まっていて落ち着いて座れるといったこともあるでしょう。大人の立ち位置を変えたり、カーテンを閉めたりするだけでも変わります。特に周りがガヤガヤしているときに耳から入る刺激、いろいろものがたくさん貼り出してあるなどの目から入る刺激に配慮することで、子どもの姿は大きく変わります。

遊びの環境設定

　子どもたちの遊びの様子も、環境を工夫することで変わることがたくさんあります。例えば、天蓋をつけることで天井が近くなり、安心して過ごせるようになるといいます。ままごとコーナーの上に設置すれば、おうちのような安心感が出て、よりイメージ豊かにままごとを楽しめるようにもなります。狭すぎず広すぎず、ちょうどよいスペースも遊びを盛り上げてくれる要因の一つです。動と静を分け、遊びそれぞれのコーナーを分けるように仕切りを設置すれば、余計な情報がさえぎられて遊びに集中でき、落ち着いて遊び込むことができます。

　電車ごっこで盛り上がっているところに、例えば車掌さんの帽子が加われば、より遊びが盛り上がり発展していくことでしょう。一人ひとりの電車が作れる段ボールがあったり、床にテープを貼って線路を作ったり、吊革を作れるような材料を置いたりと、子どもたちの年齢や興味、遊びの様子に合った環境を整えていくことで、遊びは盛り上がっていくことでしょう。

　遊んでいるときにトラブルが多い場合は、楽しく遊び込める環境が整っていない可能性もあります。子どもたちの遊びが盛り上がるよう、環境づくりを見直していきましょう。

時間の設定

　環境づくりでは「時間」も大事な要素です。着替えに時間がかかりすぎる、「早くして」と声をかけることが多い場合には、設定している時間に無理はないか、振り返ってみるとよいでしょう。公園で遊んでいて「帰るよ」と声をかけても全然集まってくれないとき

は、公園で遊ぶ時間が短すぎるのかもしれません。ブロックなど続きが楽しめるものであれば、とっておけるスペースを用意し、十分な時間をかけて存分に楽しめる工夫も大切です。

少人数の工夫

　例えば1・2歳児20人の子どもがいるとき、大人4人で保育をする場合と、子どもを10人ずつ分けてそれぞれ大人2人で保育をする場合、どちらが落ち着いて過ごせるでしょう。

　子どもたちの様子によっても変わると思いますが、多くの場合は後者でしょう。一人ひとりの遊びや発達の様子に合わせ、そのときの子どもの気持ちを汲み取りながら適切なかかわりをしようと思ったら、少人数に分けて保育をしたほうがよいのです。保育者がより細かな配慮をしたり、より適切なかかわりをすることで、子どもは安心し落ち着いて過ごせるようになります。

　特に乳児の生活は、丁寧に見ていきたいもの。丁寧に援助し、子どもたちの自立を促すことや保育者との愛着形成も意識して、生活面のかかわりの基本を一対一で行う園もあるようです。そこまでの少人数は難しいという園も多いかもしれませんが、特に乳児クラスでは、散歩から帰ってくる時間に差をつけ、少人数ずつ保育室に戻る工夫をするとよいでしょう。大人数で一斉に戻ろうとすると、下駄箱で混み合って押し合いが起きたり、手洗い待ちの列でトラブルになったりしがちです。少人数であれば、混み合わず、待ち時間は短縮されてスムーズです。保育者もトラブルの対応に追われることなく、靴の脱ぎ方、手洗いの仕方を丁寧に援助することができます。

　人数が多いと、玄関で靴を脱いで、手を洗って、保育室へ入ってと、流れを作って子どもを誘導することはできても、誰がどのくらい手洗いを丁寧にできているのかまで把握することは困難です。少人数であれば、一人ひとりの発達の様子も把握しやすく、適切な援助を考えることができます。

　幼児になれば、集団での楽しさや育ちを大切にすべき場面も増えていきます。人数の規模やトイレなどの構造上の問題、保育者の配置などはさまざまですから、できることとできないこともありますが、特にトラブルが多い場面では「少人数」が解決のヒントに

なることが多いので意識してみましょう。

おもちゃの扱い方

　子どもたちが、人形を雑に扱ったり、絵本をぐちゃぐちゃにしまったりする姿があるかもしれません。「大事に使いなさい」「ぐちゃぐちゃに入れないで」と言う前に、保育者が見本を示してみましょう。保育者＝人も大きな環境の一つです。保育者が人形を大切に扱い、抱っこしたり、ミルクをあげたり、お風呂に入れてあげたりすれば、乳児でも幼児でも、自分もやりたい！　と真似して大切に扱って遊ぶ姿が出てくるでしょう。服を脱がされた人形はそのままにせず、「あら、大変」などと言って毎回必ず服を着せていれば、子どもたちも意識を向けるようになります。

　絵本も同様で、毎日保育者が絵本棚を整理していると、子どもたちもきれいにしまうようになっていきます。子どもたちは保育者の背中を見ているもの。子どもたちに言う前に、まずは保育者がやってみせる、そんな姿勢が大切です。◆

環境設定の工夫

- ◆ 室内遊びの際に、机上遊びコーナーと他のコーナーの間に仕切りを設置したところ、それまでは遊びを邪魔されトラブルになったり、遊びの途中で別の遊びに移ったりすることが多かったのですが、トラブルが減り、最後までじっくり遊ぶ姿が増えました。仕切り1枚でこんなに子どもの姿が変わるとは思わず、驚きました。

- ◆ ホールで巧技台やマット等を使って遊ぶときに、以前は子どもとホールに行って、待っていてもらう中で巧技台の準備をしていました。その間にトラブルが起きたり、気持ちが落ち着かなくなることが多かったので、保育室で遊んでいる間に準備をするようにしました。

- ◆ 一斉にトイレへ行く声かけをするようにしていましたが、並んでいる間にいつもけんかが起こっていました。少人数ずつ声をかけるようにしたら、上手に並べるようになりトラブルが減りました。

- ◆ 保育室の中央にままごとコーナーがあり、他の遊びのスペースとぶつかって落ち着かなかったので、保育室の端に移動しました。少し仕切りをして、コーナーとしてわかりやすくなったことで、おうちごっこが盛り上がるようになりました。

- ◆ ブロックで遊ぶスペースがわかりにくく、ブロックが部屋中に広がってしまい、投げたり蹴ったりしている姿もありました。そこで、マットを敷いてその上でやるようにしたところ、散らばることなく遊べるようになりました。

- ◆ 絵本棚の前にくつろげる場所をつくろうと思い、小さい布団とクッションを設置したところ、疲れたときにゴロゴロしたり、一人でじっくり絵本を眺めたりできる人気のまったりスペースになりました。

- ◆ 雨の日には隣のクラスと協力して、動の遊びができる部屋、静の遊びができる部屋をつくるようにしています。ひと部屋では静と動どちらも保障することが難しかったのですが、隣のクラスと協力することで、さまざまな遊びを保障することができ、異年齢によるかかわりも生まれて、子どもたちは楽しめているようです。

- ◆ 遊びが停滞してきたときは、新しいおもちゃや素材などを設定します。これは何かな？　こうしたら面白いかも！　と新しいものが一つあるだけでも、子どもたちの

発想で遊びが広がっていきます。

◆ 年齢が上がり、ブロックやぬりえなど、いろいろな遊びを継続的に楽しめるように なってきたので、おもちゃ置き場をつくっています。片づけないといけない場合に は、写真に撮って保育室に飾ることもあります。

◆ 子どもの姿から、遊具の数をいつも気にしています。2、3歳児の並行遊びでは、 数人がまねっこし合いながら遊べるように、同じものをいくつか揃えるようにし ています。予算が限られているので、砂場遊びならプリンカップ、ボール遊びな ら新聞紙を丸めてカラーガムテープを巻くなど、廃材を活用しています。子ども と一緒につくれそうなものは、雨の日の製作活動にすることもあります。新聞紙 ボールなど遊べるものをつくるときは、取り合いのけんかが起こることがありま すが、名前を書き込むことでトラブルなく遊べます。

◆ 片づけに時間がかかったり、種類別にしまってほしい場面でぐちゃぐちゃに入れ てしまったりすることがあったので、片づけ方を簡単にしました。すると、子ど もたちがきちんと片づけてくれるようになりました。片づけやすい環境が大切だ と感じました。

◆ ままごとコーナーに置くものを、子どもの遊びの様子を見ながら入れ替えるよう にしています。かばんがあればお買い物ごっこが盛り上がり、赤ちゃんのミルク や髪をとかす櫛があればお世話ごっこが盛り上がるなど、置いてあるものによっ て遊びが変わっていくので、何を用意しておくのかがとても大事だと思います。

◆ 自然に興味をもってほしいなと思い、小さな自然物コーナーをつくりました。散 歩で拾ってきた自然物や絵本、図鑑などを置くようにしたところ、今まで自然に あまり興味を示さなかった子どもが、自分で拾ってきたものをコーナーに置いて ほしいと言うようになりました。❖

マインドチェンジ

目をキラキラさせるような毎日を

　みなさんの園では、今日の遊びの選択肢はどのくらい用意されていますか。子どもたちは、自分の好きな遊びを存分に楽しむことができるでしょうか?

　ある園では、保育室には絵本棚のみが設置され、その他のおもちゃは倉庫に収納されていました。担任が「今日はこれ」と決めて保育室に持っていき、子どもたちはそれで遊ぶそうです。

　一方で、保育室にはままごとコーナー、絵本コーナーが設置されていて、ブロックや積み木が子どもたちが自分で出せる場所に収納されている園もあります。倉庫や吊戸棚には収納されているおもちゃの写真が一覧できる資料があり、子どもたちが保育者に「これで遊びたい」と意思表示ができる、そんな環境をつくっている園もあります。

　もちろん、何でも出してOKということではありません。おもちゃが出すぎている場合には他の物をしまってから、小さい子が遊びに来ているときにはこのおもちゃは出さないなど、一定のルールの上での運用ですが、子どもたちが自分のしたいことを考え、主体的に遊ぶという姿勢を大事に考えた環境です。そして保育者が時々「こんなもの持ってきたよ!」と小麦粉粘土をつくってみたり、今日はこれ持って踊ってみない?　と新体操で使うようなリボンをつくりBGMをかけてみたり、毛糸でマフラーづくりに挑戦だ!　と新しい遊びを教えくれたりするのです。

　どちらの園の子どもたちが目をキラキラさせて遊んでいるか、言うまでもありませんよね。楽しいことを自分で選べなかったとしても、それが当たり前になってしまえば、子どもたちはそれなりに過ごしてくれるでしょう。しかし、子どもたちには遊ぶって楽しい!　面白い!　という経験をたくさんして、毎日目をキラキラさせて生きてほしいと思います。そんな姿が生きる力となり、自分らしく生きていく糧になると思うのです。

　子どもたちが目をキラキラさせるような環境をつくることは、簡単ではありません。遊びについて調べたり学んだり準備をするには、時間もお金も必要です。やりたくても余裕がない!　と思うかもしれません。大事な子どもの育ちを支える保育現場が、もう少しゆとりをもって「子どもたちのため」を実現できる日を願うばかりです。❖

落ち込んだ子どもへのかかわり

どんな言葉かけが必要？

　皆さんも、うまくいかずに落ち込んだり、やりたいことができない現実にぶつかり悔しい思いをしたりことがあるでしょう。子どものように大粒の涙をポロポロ流したり、ひっくり返って泣いたりすることはないかもしれませんが、失恋をした、上司に叱られた、保護者からクレームを受けたなど、仕事でもプライベートでもさまざまなことがあるでしょう。

　最近落ち込んだり、悔しかったり、嫌な気持ちになったときのことを、少しだけ思い出してみてください。友だちや家族に相談したとしたら、どんな言葉をかけてほしいですか。もっとこうしたら、これだからだめとアドバイスやだめ出しをされたら、どんな気持ちになるでしょうか。だめなものはだめ！　が事実だったとしても、落ち込んでいるときに現実を突きつけられたら、どう感じますか。その現実を素直に受け入れることはできるでしょうか？　私だったら、わかってもらえなかったと感じてさらに落ち込み、嫌な気持ちになり、もうこの人には相談しないと口を閉ざすことでしょう。

共感を示す言葉かけ

　では、「つらかったね」「大変だったね」と共感の一言があるとどうでしょうか。安心感が生まれ、気持ちが少し楽になるのではないでしょうか。人は、誰かが共感してくれると感じることで心が満たされ、安心するものです。自分が大切にされた、認めてもらったと感じ、話を聞いてくれた相手のことを信頼することもあるでしょう。共感してもらい、安心した気持ちを取り戻してからであれば、アドバイスも少し素直に聞き入れることができるのではないでしょうか。

　子どもが「嫌だ」と言うときに「嫌じゃないでしょう」と言えば言うほど、子どもの「嫌だ」の声が大きくなってくることがあるでしょう。そんな場面での「嫌だ」の中には「〇〇がしたかった！」という思いが通らない悔しさだけではなく、「僕の気持ちもわかってよ」という悲しさが混ざっているように思うのです。「そうだよね、〇〇したかったんだよね」と、最初の一言は共感の言葉で、子どもたちの気持ちを受け止めていきたいものです。

　多くの場合、共感の言葉をかけたときのほうが早く泣き止むように思います。朝、保護

者と別れて泣いているなら「ママがよかったよね」「パパと一緒にいたかったよね」「寂しいよね、泣いちゃうよね」と声をかけると、「そうなんだよ」と言わんばかりに泣き止むことがあります。友だちにおもちゃを貸してもらえずに泣いている場合「順番でしょう」「Aちゃんが遊んでいたおもちゃだよ」などと声をかけても「僕のなの」などとさらに大きい声で泣いて訴えることはありませんか。ところが、「ほしかったんだよね」「使いたかったよね」と声をかけてみると、「そうなんだよ」という様子で落ち着き泣き止むでしょう。

　気持ちが落ち着いてから「でも順番なんだよね」「別の電車で遊んで待っていようか」と言うと、納得して順番を待ったり気持ちを切り替えたりするものです。わかりやすく「泣き止む」ことについて話しましたが、泣き止むことがよいという話ではありません。共感することで気持ちが落ち着き、次に進むことができるということです。

感情を言語化しよう

　生まれて間もない赤ちゃんがりんごを見ても、おそらくそれがりんごであるという認識はありません。りんごを見たときに、近くにいる大人が「りんごだよ」と言ってくれることで、これがりんごだと認識していきます。

　感情はどうでしょう。感情は目に見えないので、感じているときに言葉にして伝えていくことが必要です。悲しくて泣いているときには、子どもの身体の中に負の感覚がこみ上げていることでしょう。その感覚を味わっているときに「悲しいね」「おもちゃで遊びたかったのに遊べなくて悲しいんだよね」などと言語化することで、よくわからないモヤモヤする感覚が「悲しい」という感情だと認識することができるようになります。

　わからないものではなく、認識できるようになることで、気持ちは少し落ち着きます。「感情のラベリング」といわれますが、今の自分自身が感じていることを言語化して表現することでストレスが緩和され、ストレスへの耐性を高めることができるそうです。

　転んだときに、痛みに強くあってほしいという願いから「痛くないよ、大丈夫」と声をかける人もいるかもしれませんが、「痛い」という身体感覚があるときには「痛いね」と声をかけたほうがよいでしょう。よくわからない刺激ではなく、この感覚は「痛い」なんだと認識することで、安全にその感覚を扱うことができるようになります。

子どもの行動には必ず理由がある

　子どもたちは、大人には理解できないような行動をしたり、許せないような行動をしたりすることがあります。例えば、急に友だちに噛みついたり、引っかいたりなど、大人ではまずしませんし、大人が生きる社会の中では許されないことです。ですから、「だめでしょう」「何をしているの？」と怒られてしまうことが多いのですが、噛みつくことに至ったその子どもなりの理由があるものです。

　事情を聞かれもせずに怒られたら、どんな気持ちになりますか。事情も聞かずにどなるなんて失礼だ、こっちにだって言い分はあるんだ、なんて理不尽なんだ！　そんな気持ちになることでしょう。

一言目は受け止めよう

　危険な状態であれば止めることが先ですが、安全を確保した上で、まずはどんな事情があったのか聞くことが大事です。どうしたの？　何があったの？　と話を聞いて「そうか、〇〇が嫌だったんだね、悲しかったんだね」と感情を言語化して共感することで、子どもは気持ちを落ち着かせ、自分の状況や感情を認識することができるでしょう。気持ちが十分に落ち着いてから、嫌だったとしても噛みついてはいけないということ、嫌なときは「やめて」と言うことを伝えていくと、子どもたちはちゃんと受け止めることができるでしょう。

　共感することの大切さをわかっているはずの保育者でも、つい「だめでしょう」「何しているの！」と共感ではない言葉が先に出てしまっていることがよくあります。ゆっくり考えて対応できる場面ばかりではないのが保育現場ですから、一言目はまず共感の言葉をかけ、気持ちを受け止めることを常に意識しておきたいものです。◆

泣いている子どもに対して

◆ 転んだときは、どこが痛いのかを聞いて「痛いの痛いの飛んでいけ〜」とやるとすぐによくなることが多いです。「痛くないでしょう、大丈夫！」とがまんさせるよりも、気持ちの切り替えが早くなると思います。

◆ けんかをしたときは「どうしたの？」と、まずは事情を聞くようにしています。大人の価値観で聞くと自分勝手な理由が出てくることもありますが、その子どもなりの事情なのだという気持ちで、まずは「そうだったんだね」と聞くようにしています。

◆ いす取りゲームで負けた悔しさで泣いてしまう子がいますが、「悔しい」という気持ちを味わうよい機会だと思っています。「そうだよね、悔しいよね、がんばった人は、負けるとそのぶん悔しいんだよ」と、悔しくて泣くことは恥ずかしくないと伝えたくて、共感するようにしています。

◆ 癇癪を起こすように泣くこともありますが、大人との関係性に安心しているからこその姿だと思っています。悲しいときにがまんするのではなく、大いに泣いて「悲しい！」と言える子どもであってほしいと思うので、感情は受け止めるようにしています。

◆ 共感を大事にしていると、子どもたちは、「保育者は自分の気持ちをちゃんとわかってくれる人だ」という信頼を寄せてくれる気がします。

◆ 泣いている子がいたら、まずは「どうしたの？　何があったの？」と尋ねますが、言いたくなさそうなときは、無理に聞き出そうとはしません。本人が望むようであれば、抱っこをするなどしてしばらく声はかけずに一緒にいるようにします。言葉で共感するわけではありませんが、子どもは受け入れてもらっていると感じて安心し、自分の気持ちを落ち着かせていると思います。しばらくすると嫌だったことなどを話してくれたり、遊びに戻っていったりすることもあります。

◆ 楽しいときには「楽しいね」、悲しいときには「悲しいね」と声をかけることで、楽しいことは共有できて2倍になるし、悲しいことはわかってもらえて半分になる。そんな気持ちで子どもの気持ちに共感するようにしています。

◆ トラブルがあって大泣きしているときに、懇々とあるべき論を伝えてもなかなか伝

わらず、子どもたちは「わかってもらえなかった」という気持ちになる思います。まずは共感が大切ですね。

◆ 思いきり泣いたり怒ったりできるのは、子ども時代の特権だと思っています。「そうだよね〜泣きたいときは泣きたいよね」と声をかけた上で「泣き止んでお話できそうだったら、話を聞くね。待っているね」と、少し離れて見守ります。時間がかかっても、自分で泣きやめたときに「自分で泣きやんだんだね」と受け止めるところまでがセットだと考えています。

◆ 園の全体的な計画の「人権擁護」の項目には、「泣くのも表現」と明記されています。かかわりを工夫することも大事ですが、泣くことをネガティブにとらえずに「表現」ととらえていく視点が大事だと学びました。

◆「手当」って手を当てることなんだよ。と先輩に教わりました。子どもが嫌がらないようなら、黙って背中や肩に手を当てることもあります。もし自分だったら、泣きたいときに黙ってそばにいてくれる人がいたら心が楽になるかなと思うので、子どもの様子を見ながらそんなかかわりをしています。

◆ けんかなどで気持ちが崩れたときに、自分で気持ちを立て直したり落ち着かせるようになってほしいと思い、保育室の端に、気持ちを落ち着けるスペースをつくりました。周りから見えないように囲ってあり、気持ちが崩れたときにはそのスペースに入って、自分で気持ちを落ち着かせています。周りの子どもも、中に入る子がいるときは、そっとしておいてあげようとする様子があります。

◆ トラブルがあった際に、普段から保育者が「どうしたの？」と聞いていると、子どもたち同士でも相手を一方的に責めずに、何か事情があったのかな？と聞くようになってきています。保育者のありかたは大切ですね。❖

マインドチェンジ

MINDCHANGE

急がば回れ

　例えば、午睡時間になかなか布団に入らない子がいた場合、「早く寝ないとお化けが来るよ」という声かけと「寝たら元気になるよ、そしたらたくさん遊ぼうね」という声かけ、どちらが子どもたちは言うことを聞いてくれるでしょうか。残念ながら、前者の声かけのほうが、子どもはすぐに言うことを聞くと思われます。片づけないとご飯あげないよ！　静かにしないなら赤ちゃん組に行きなさい！　そんな言葉に保育者の怖い声や表情が合わさされば、きっと子どもたちはすぐに言うことを聞いてくれることでしょう。

　しかし、怒られて、脅されて言うことを聞くというスタイルが定着していくと、だんだんと怒られないと、脅されないと言うことを聞かなくなっていきます。どうして布団に入って身体を休める必要があるのか、どうして片づけをするべきなのかと考えずに、ただ言うことを聞くことが続けば、行動の意味がわからなくなって、怒られるから片づける、怒られないから片づけないとなってしまうのです。

　私たちが保育で目指したい子どもの姿は、大人の言うことを聞けることではありません。保育所保育指針の第1章、4幼児教育を行う施設として共有すべき事項の幼児期の終わりまでに育ってほしい姿を見てみると、「見通しをもって行動すること」「自ら健康で安全な生活をつくり出す力」「自分の力で行うために考えたり、工夫したりする」といったキーワードが出てきます。大人に怒られるから行動するのではなく、子どもたちが自立した一人の人間として自分の頭で考え、見通しをもって行動し、成功も失敗も経験しながら、生きていく力をつけていく、私たち保育者はそういう力を育んでいく必要があります。

　少し時間はかかっても、「早く寝ないとお化けが来るよ」ではなく、「寝たら元気になるよ、そしたらたくさん遊ぼうね」と声をかけるほうがよいですよね。最初はすぐに言うことを聞いてくれず、困ることが多いかもしれません。しかし子どもたちが、必要性がわかって行動するようになれば、毎回怒って言うことを聞かせる必要がなくなります。

　保育は「急がば回れ」。急いでしまうと、結果的に子どもの力が育たずに、子どもも大人も大変な思いをすることになってしまいます。時間はかかっても一つひとつ丁寧に伝えていく保育を大切にしたいものです。◆

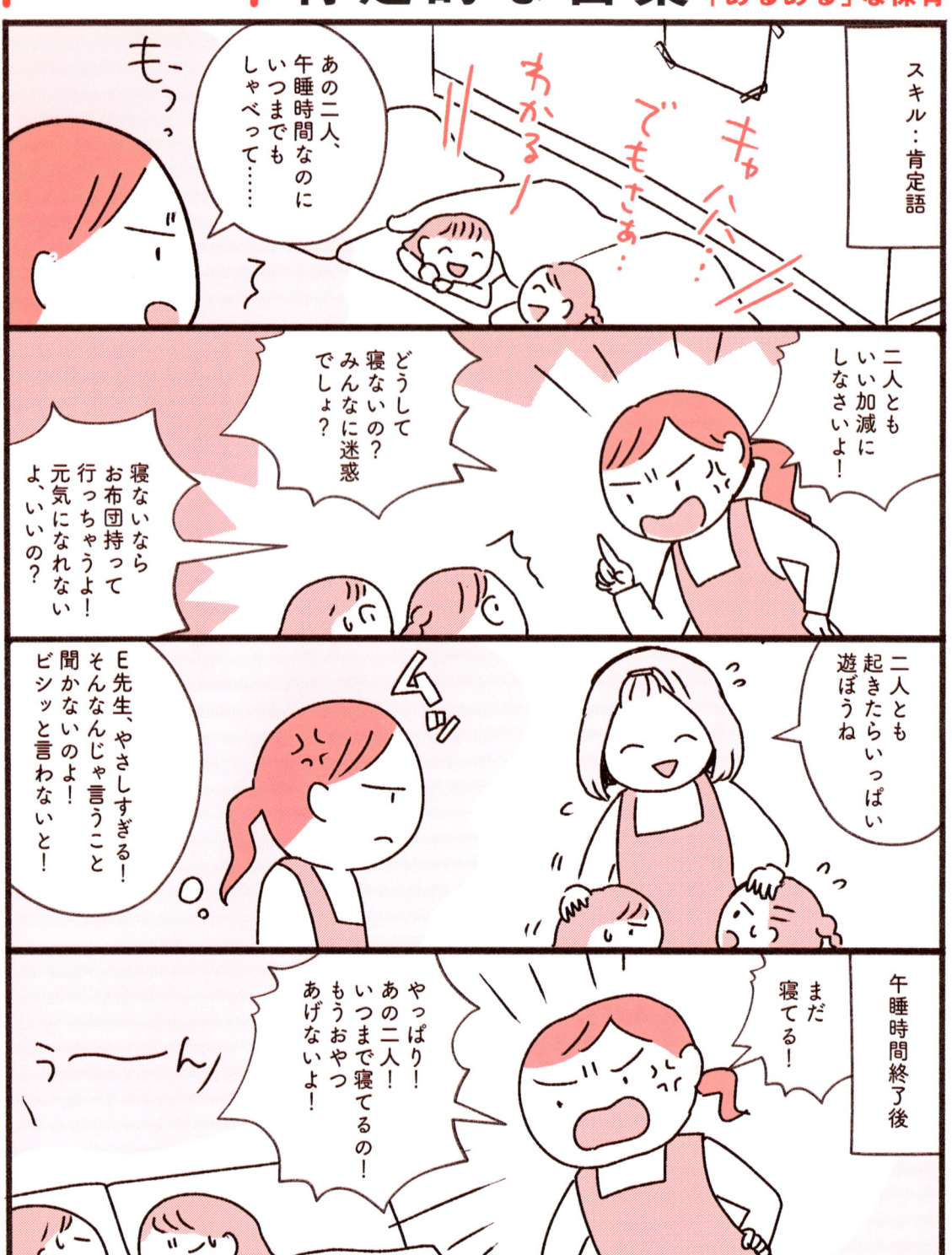

使い方一つで異なるイメージを印象づける

否定的な言葉の弊害

　否定的な言葉よりも肯定的な言葉を使ったほうがよさそうだということは、多くの人が気づいていると思います。しかし、子どもたちにわかってほしい、きちんと伝えたいという思いがあるからこそ「○○しないで！」と否定的な言葉を使ってしまいがち。実は否定的な言葉は、モチベーションが下がるだけではなく、子どもにとっては理解しにくく、伝わりにくくなる原因の一つでもあります。怒ったような言い方をしていなくても、「こぼさないように持ってね」「道の真ん中は歩かないで」「走らないで」など、日常の中で何気なく否定的な言葉を使っていることがあります。何度言っても伝わらない、と思うときには、否定的な言葉を使っていないか振り返ってみるとよいでしょう。

肯定的な言葉でモチベーションも自信もアップ！

　「こうしないと成功はできないよ」「こうしたらきっと成功できるよ」どちらも意味としては同じではありますが、どちらの表現であなたはモチベーションが上がるでしょうか。きっと後者の言い方をされたほうが「そうか！　やってみよう」そんな気持ちが湧いてきますよね。不思議と成功できるような気持ちになるものです。前者のような言い方をされると、アドバイスをしてくれているにもかかわらず、何だか否定されているような気になり、嫌な気持ちさえしてきます。

　肯定的な表現は、受け取る相手の気分を上げたり、自信をつけたりすることができます。自分を受け入れてくれている、大事に思っているような気持ちにもなることもあるでしょう。逆に否定的な表現は、応援されているような気持ちにはなれません。不安になったり、萎縮してしまったり、否定されたような気分になり、怒らせてしまうこともあるかもしれません。いつも「こうしないとできないよ」「これはやっちゃだめだよ」と言われつづけていると、僕はこれだからダメなんだ……と自信をなくしてしまったり、自己肯定感が下がってしまったりもするでしょう。

　人は言葉一つで心地よくうれしくなることもあれば、居心地が悪く嫌な気持ちにもなります。内容としては同じようなことを言っているようでも表現一つでこんなにも受け

取り方が違うのですから、気をつけて使っていく必要がありますね。

肯定的な言葉と否定的な言葉の違い

否定のイメージは難しい

　否定的な言葉の指示や説明は、理解することが難しいといわれます。例えば、「真っ黒なパンダを想像しないでください」と言われたら、真っ黒なパンダを想像せずにいられるでしょうか。一瞬真っ黒なパンダが頭の中に浮かんでしまうのではないでしょうか。人の脳は、「○○しない」を認識することは難しいといわれます。一度○○することをイメージしてから、それを否定するという理解の過程を踏むので、意味を理解するにも少し時間がかかります。大人でも難しいのですから、子どもではなおさら、否定的な言葉をすぐに理解して行動することは難しいのです。

　「こぼさないようにしてね」と言われると「こぼす」がイメージされてしまいます。「まっすぐ持ってね」「両手で持ってね」と言えば、よりこぼさずに持つことができるようになるでしょう。「登らないでね」も「登る」ことが連想されますから、「降りようね」と言うほうが伝わりやすいといえるでしょう。

肯定的な言葉はやることがわかりやすい

　「道の真ん中は歩かないで」と言われて、大人であれば「端に寄ろう」と考えることができるかもしれませんが、経験の浅い子どもたちはわからないことがあります。道の真ん中を歩いてはいけないことはわかったけれど、ではどうしたらいいのと、次の行動がわかりにくい状態になってしまうのです。するとすぐに行動に移せずに、真ん中を歩き続けてしまい、「どうして言うことが聞けないの？」と怒られたりするのです。

　そこで私たちが気をつけないといけないのは、何をしたらよいのかがわかるように、肯定的な言葉を使うことです。「○○しないで！」のかわりに「○○しよう！」「○○してね」と、してほしい行動を伝えるのです。

　走ってはいけない場所で走ってしまう子がいたとしたら、「走らないで」ではなく「歩いてね」、「触らないで」ではなく「見るだけにしようね」という具合です。

否定的な言葉は使いやすい

　受け取る側にとっては、肯定的な言葉のほうがイメージしやすくわかりやすいのですが、伝える側からすると、やってほしくないことを伝えるときは「やらないで」「やめて」と伝えるほうがはるかに伝えやすいですよね。否定的な言葉を肯定的な言葉で伝えようというと、言葉では簡単に言えますが、やってみようとすると意外と難しいものです。

　保育中はただでさえ気にすること、気をつけることが山ほどありますから、それらをしながら細かい言葉の言い回しに気をつけるのは、想像するよりも難しいです。「気をつけよう」と思うくらいでは、なかなか身につくスキルではありません。次々頁にある言い換え一覧を目に入るところに貼るなどして、日常的に意識できる工夫をすることが大切です。

行動の意味が理解できる配慮

　肯定的な言葉を使うときに、「理由を添えて伝える」ことも意識できるとよいでしょう。「ここは走ると滑ってしまうから歩こうね」「道路は車が来て危ないから手をつなごうね」と、その行動をしてほしい理由を伝えます。「先生がやってと言ったからやる」のではなく、その行動の意味がわかって行動できるようになると、毎回保育者が〇〇してねと声をかけなくても、子どもたちは自分で、ここは危ないから歩こう、手をつなごうと考えられるようになっていきます。

肯定語で温かいクラスづくりを

　保育者がいつも肯定的な言葉を使っていれば、毎日をともにする子どもたちも、友だちの行為を肯定的にとらえ、励まし、応援し合うようになっていくことでしょう。逆に保育者が否定的な言葉を多用していると、子どもたちからも、できていないことを指摘し合い、否定し合う言葉が出てくることでしょう。肯定的な言葉のスキルを身につけて、子どもたち同士が励まし合い、応援し合える温かいクラスづくりをしていきましょう。❖

第1章
第2章
第3章

現場の保育者に聞いた
あの手・この手

否定的な言葉を
肯定的な言葉に言い換える

◆ 言い換えの表をトイレの壁に貼っています。毎日数回は目に入るので、「さっき言っ
てしまっていたな」と反省し、気をつけようと思うようになりました。

◆ 同じクラスを担任する保育者と、否定的な言葉を使いそうな場面を出し合い、肯定
的な言葉に言い換えるという時間をつくりました。自分一人で意識しようと思って
も、日々の忙しさで忘れてしまうことが多いですが、担任同士で共通認識をもつこ
とで、より意識を高めることができ、保育中に言葉を選んで声かけするようになり
ました。

◆ 自分がどんな否定的な言葉を使っているか意識してみたところ、「触らないよ」
「そっちに行かないで」「座らないで」「こぼさないで」と、思ったよりも多くの場面
で何度も使っていて驚きました。自分が使っている場面を認識したことで、言葉を
発する前に気をつけるようになりました。今後は習慣になるよう、意識して続けて
いきたいです。

◆ 否定的な言葉の中でも、「だめ」を使っていることが多かったので、「だめ」と言い
たくなるときに「〇〇してね」と言い換えるように意識しました。否定語をやめよ
う、という意識だと広すぎて、意識しきれずに終わることが多かったですが、言葉
を絞ることで、意識できるようになりました。

◆ 子どもだけではなく、同僚や後輩にも、肯定的な言い方をするように心がけていま
す。否定的な言葉を使っていると、イライラした気分になることが多いのですが、
肯定的な言葉を使うことで、言葉を受け取る側だけでなく、伝える側の気持ちも穏
やかでいられることが多いです。お互いに気持ちよいコミュニケーションができる
ようになったと感じています。

ここでは、否定的な言葉から肯定的な言葉への言い換えを紹介します。

否定語→肯定語への言い換え事例

- 登らないで→降りましょう
- 走らないで→歩こうね
- 危ないよ→止まってね
- だめでしょう→〇〇してね
- うるさいよ→小さな声で話してね、アリさんの声で話してね
- しゃべらないで→静かにしようね
- 触らないで→見るだけにしようね
- おもちゃ散らかっているよ→片づけよう、ここにしまおうね
- 投げないで→そっと入れてね、ゆっくり入れてね
- 手を離さないでね→手をつなごうね
- 叩きません→お話で教えてね
- 道路の真ん中は歩かないよ→道路の端っこを歩こうね
- ご飯食べないと大きくなれないよ→ご飯食べると大きくなれるよ
- いつまでやっているの→超特急でやってみよう、先生と競争だ
- いい加減にして！→〇〇をしようね
- そっちにいっちゃだめ→ここに座っていてね
- 手を離さないで→ぎゅっと握っていてね
- よそ見しないで→前を見てね
- 〇〇しないとうまくできないよ→〇〇するとうまくいくよ
- どうしてできないの？→どうしたらできるかな？
- それは違うよ→そう思ったんだね
- 早く寝ないと遊べないよ→早く寝て起きたらたくさん遊ぼうね
- （寝ない子に）お布団いらないの？→お布団に入ろうね

スキルを使ったかかわり

マインドチェンジ

MINDCHANGE

失敗は成長のもと

　1歳児クラスの食事中、「こぼさないように食べなさい」と指導され、こぼすと怒られてしまう、そんな園があると聞いたことがあります。子どもたちはこぼさないようにと、緊張しながら静かに黙々と食べているのだそうです。1歳児に、こぼさないで食べることを強要することは適切でしょうか？

　子どもたち、いえ私たち大人だって、失敗しながら学んでいくものです。たくさんこぼしながら、どうやったら口の中に入るのかと、何度も失敗し、次第に上手になっていきます。最初はうまくいかなくても、繰り返していくうちに感覚がわかったり、手首がうまく動かせるようになったり、身体の使い方がわかってきて、次第にこぼさずに食べられるようになっていくのです。

　歩き始めるときには、何度も転んで尻もちをつきますよね。歩けるようになって3か月経っても1年経っても、まだ転ぶことがあるでしょう。何度も転んで、それでも歩いてまた転んで……そんなことを繰り返し何年もかけて、安定した動きを獲得していきます。この学びの期間を肯定的にとらえられないと、どうしてできないの？　とイライラしたり、失敗を叱責したり、ちゃんとやりなさいと無理強いしたりして不適切保育につながってしまうように思います。

　お茶をこぼしてしまうことも、トイレでの排泄に失敗することも、友だちのおもちゃを取ってけんかになることも、片づけなんて面倒くさいと投げ出してしまうこともあるでしょう。いずれも学んでいる最中の姿、失敗は成長のもと。そう肯定的にとらえて、何度でも丁寧に伝えたり、どうしたらうまくいくのだろうと子どもと一緒に考えることで、うまくできないことや失敗することを、成長につなげていくことができるのです。◆

大きな声と小さな声

保育者は大きな声がいいという誤解

　集団生活の中では、保育者ははっきり大きな声のほうが、子どもに伝えたいことが伝わりやすくてよい。そんな印象をもっている人もいるかしれません。

　場面によって必要な声の大きさがありますが、常に大きな声で指示を出していると、子ども一人ひとりに目を向けることを忘れてしまい、「あの子はわかるのに、この子はわからない」と、特定の子どもにイライラしてしまうケースがあるようです。その苛立ちがいきすぎてしまい、不適切なかかわりに発展している場合も少なくありません。

　トイレに誘うときを例に、一緒に考えてみましょう。

保育者としての責任感が、あせる気持ちを生む

　保育所保育指針には、基本的生活習慣に関して「身の回りを清潔に保つ心地よさを感じ、その習慣が少しずつ身に付く。」「便器での排泄に慣れ、自分で排泄ができるようになる。」（1歳以上3歳未満児）「身の回りを清潔にし、衣服の着脱、食事、排泄などの生活に必要な活動を自分でする。」（3歳以上児）と記載されています。ですから、子どもが「おむつを替えたくない」と言っても、何時間もそのまま放置するというわけにはいきません。清潔に心地よく、おむつかぶれなどのトラブルを起こさないようにと思うからこそ、「おむつ交換はしなくてはならない」と、保育者としての責任感であせる気持ちになるのも当然といえるでしょう。

　しかし、大きな声で指示を出し、一斉におむつ交換を進めようとすると、漫画のように保育者自身が余計にバタバタと慌てる結果になったり、子どもの「気を引く行動」を呼び起こす懸念があります。

　それでは、どのようにかかわればよいのでしょうか。

一人ひとりに伝わりやすい言葉で話す

　「集団保育だから、一人ひとりなんて理想でしかない」という意見も耳にします。すべてを理想どおりにできるとは限りませんが、そもそも生活はプライベートな営みです。ま

た、発達の段階も一人ひとり違います。一斉に行うことは、子どもにとっても保育者にとってもストレスになります。

　気持ちを切り替えることに少し時間を必要とする子どもは、他の子どもよりも先に声をかけることで、切り替える時間を保障することができます。ところが、他の子どもにも聞こえる声で誘うと、何でも一番になりたいという気持ちをもつ子どもが「なに？　なに？」と反応してしまい、うまく時間差をつけることが難しくなります。その場合、近くに行って小さい声で、そっと話しかける必要があります。

　遊ぶときには仲良しの2人組……だけどトイレなどで遊び始めてしまったら、止めることにも労力を使わなくてはなりません。一人ずつそっと誘うことで、タイミングをずらすことができ、トイレの中で過剰に遊んでしまう行動を回避することができます。

生活の心地よさを大切に

　一人ひとりに合わせる「小さい声」は、保育のストレスを小さくする秘訣です。

　かかわりが心地よいものにならなければ、生活は心地よいものになりません。大きな声で全体放送みたいな声かけではなく、その子に聞こえるだけの声でそっと誘ってみましょう。一人ひとりへの声かけを実践しているうちに、「この子にはこんな声かけがいい」という個別のかかわりが見えてきます。子どもの行動力を引き出していくには、動詞をどのように理解しているかという発達の背景をとらえていくことも大切です。月齢が低い子どもや、言葉の理解が少しゆっくりな子どもは「おむつを替えようね」と、二語分程度の端的なハッキリした声かけが行動につながりやすいです。誘いかけると「いや！」と言う段階にいる子どもは、「トイレまで自分で行く？　それとも先生と一緒に行く？」などと選択肢を提示して“自分で決める”やりとりをはさむほうが行動につながりやすい場合があります。

　また、すでに見通しをもって行動する子どもには、誘いかけが必要ない場合もあるのです。

保育者同士の共通理解と連携

　一人ひとりの発達の段階は違うのだから、一斉に誘っても、待たせる時間や無理に座

らせておく時間が増えるだけです。お互いに「小さな声」を実践したうえで、「このかかわりはうまくいったよ」と情報を共有することで職員のチーム力も上がります。「やさしい言い方では伝わらない」などの曖昧な話ではなく、「○○ちゃんにはこうするといい」「△△ちゃんには、このかかわりがよかった」と、具体的な話をすることが大切です。

　保育者同士の会話も、必要な連携は互いに近づき、短い言葉でコソッと打ち合わせをしましょう。あらかじめ基本的な生活の流れ、時間の目安、役割分担などの共通理解をしておくと、進めやすいでしょう。

　基本があっての臨機応変です。保育者がその場その場の"場当たり的"なことについて、大きな声で指示を出していると、子どもは指示待ちの状態となってしまい、子ども自身の「生活習慣として身につく」ことにはつながりません。保育者は子ども一人ひとりに声をかけ、小さな声で一人ひとりの発達や個性に合った対話をしながら、子ども一人ひとりが心地よく生活をすすめていく、より適切なかかわりを発見していきたいものです。

　一人ひとりに届くだけの「小さな声」。このスキルは生活全体を心地よいものにしていきますし、保育者として「子どもを見る力」を磨き上げていくことができるのです。

　それでは、排泄・おむつ交換の場面では、どのようなかかわりをすることができるでしょうか。具体的な例を一緒に考えてみましょう。◆

第1章

第2章

第3章

93

排泄・おむつ交換

◆ 遊びが途切れるタイミングを見計らって、一人ひとりに声をかけていきます。遊びに夢中になっているときは、子どもだって「今は行きたくない」と思うはずです。

◆ おむつの場合は「おしっこが出ているね」と、その子の状態を一緒に確認することを丁寧に積み重ねていきます。その積み重ねが「おしっこ出た」と教えてくれる力につながるように感じます。おしっこが出ていることの共通認識をしてから「きれいなおむつに交換しようね」と誘っています。

◆ おむつを自分で選ぶことを、保育の流れの中に取り入れています（あまり感心を示さない子には無理はしませんが……）。おむつの柄は各メーカー少しずつ違うので、「どのおむつにする？」と自分で選べるようにすると、それが一つの楽しみになっていきます。トイレットトレーニング中の子は楽しみとして、好きな柄のパンツを揃えてもらうなど、家庭と連携しています。

◆ 気持ちの切り替えに時間がかかる子は、最初に誘いかけ「まだ、行かない」という気持ちをいったん受け止めます。「〇〇ちゃんから行ってくるね」とその場を離れます。他の子どもがトイレに行き始めた様子を見始めたらチャンス！　再び誘います。他の子どもが行動している様子が、言葉だけではない情報となり、2回目に声をかけたときに行動につながりやすくなります。2回で難しい子どもは最初と真ん中あたり、最後など、複数回誘います。

◆ 先にトイレに行った子どもたちは、別の保育者が楽しく待てる工夫をします。「早くして〜」ではなく「待っているね」「待っていたよ」という関係を大切にしながら、一人ひとりのペースですすめる安心感が大切だと思います。

◆ おむつ交換のときの声かけは、「おしっこ（ウンチ）が出て、おなかがスッキリしたね」「新しくてきれいなおむつは気持ちいいね」など、排泄行為は快いことだと感じられる言葉を選んでいます。小さな積み重ねが大事かな〜。

◆ パンツになっているのに、「今は行きたくない」と強く主張する子どもの場合は、あえて見守り、その後にトイレに間に合わなかったとしても、「あーさっき行っておけばよかったな〜」と、その子自身が振り返る体験になれればいいと思っています。

指示されて行動するよりも、失敗から気づいて学ぶことを大切にしたいです（このような過渡期は、トイレに行きやすい公園を散歩先に選んでいます）。

◆ 排便の習慣については、（特に幼児の活動として）看護師に絵本やペープサートを使って話をしてもらいます。その都度の声かけだけでなく、子ども自身が自分の身体に興味・関心を広げていくよう、保育者とは少し違う視点でアプローチすることも一つの方法だと思います。

◆ 離れた場所からの大声での誘いかけや職員間の話を『遠距離会話』と名づけ、職員間で気をつけたいこととして共通認識にしました。特に「○○ちゃんのウンチが出ています！」みたいなことを、保育室中に響き渡る声で言うのは、もし自分（大人）だったら嫌だよねという話になりました。

◆ 以前勤めていた園では、トイレの中で待たせながら、まるでベルトコンベアのようなおむつ交換をしていました。一斉に脱がせたズボンを子どものTシャツの後ろ首のところに挟み込み、ズボンの入れ違いが起こらないようにと気を張らなければなりません。それでも落ちてしまい、誰のものかわからなくなることもあって大変でした。今の園では、一人ひとりそっと誘っていくスタイルで行っています。おむつ交換や排泄だけに集中できるので、心にゆとりがあります。

◆ 生活の流れそのものが、自由遊び⇒片づけ⇒排泄⇒活動ではなく、自由遊びの時間の中で一人ひとり順番に排泄⇒全員の排泄が終わる頃を見計らって片づけ⇒活動としています。

◆ 子どもの排泄間隔をつかむために、トイレに小さなチェック表を用意しました。「おむつに出ていた」を「×」にすることに抵抗を感じ「△」からスタートしました。「おむつに出ていたけど、トイレでも排泄した」＝「○」、「おむつに出ていなくて、トイレで排泄した」＝「★」としたら、★マークにしたいという子どもの希望から一気におむつが外れ、トイレへ誘うことがスムーズになった経験があります。❖

マインドチェンジ

MINDCHANGE

子どもから学ぶ

「集団生活だから、一人ひとりの子どもと丁寧にかかわっていられない」と先輩に言われると相談されたことがあります。集団生活と「一人ひとりへの対応」は一見矛盾しているようにも感じます。

皆さんは、電車に乗り降りする際に「傘の忘れ物にご注意ください」と全体放送がかかっている場合と、駅員等に肩をポンポンと叩かれて「傘を忘れていますよ」と直接声をかけられる場合のどちらが、傘の忘れ物に気がつきますか。全体放送のような大きい声よりも、届けたい人に届くように足を運んで声をかけるほうが確実です。

一人ひとりに声をかけていくからこそ、一人ひとりの言葉の理解、自我の芽生え、行動力、判断力など「今、育っている力」が見えてきます。多くの参考書には、発達の理論や発達にふさわしいかかわり方が書かれています。それでも、子どもは一人ひとり異なります。その子どものことは、その子どもとの対話から初めて見えてきます。

保育者から、「子どもに伝えよう」という"保育者⇒子ども"というベクトルだけでなく、「子どもから感じる」「子どもから学ぶ」という"保育者⇔子ども"という相互の理解が必要ではないでしょうか？

急がば回れ。大きな声で威圧的に生活の流れをつくっていくことは、一見手っ取り早く感じますが、子ども自身が生活を見通す力を身につけることができず、保育者が子どもの特性を理解することもないため、いつまでも同じステージでストレスをため込んでしまうのです。子どもは強い口調に慣れていくため、伝える側の口調の強さがエスカレートしていく懸念さえあります。

一人ひとりに声をかけ、一人ひとりの姿から学んでいく。そのマインドをもっていると、かかわり方が難しい子どもに出会ったとき、「保育者としてのスキルアップのチャンス」ととらえることができます。

私が出会った先輩は「出会った子どもの数だけ学びがあるのよ」そう語っていました。保育者としての自分を磨き続けていた先輩の保育は素敵だったなと思い出します。◆

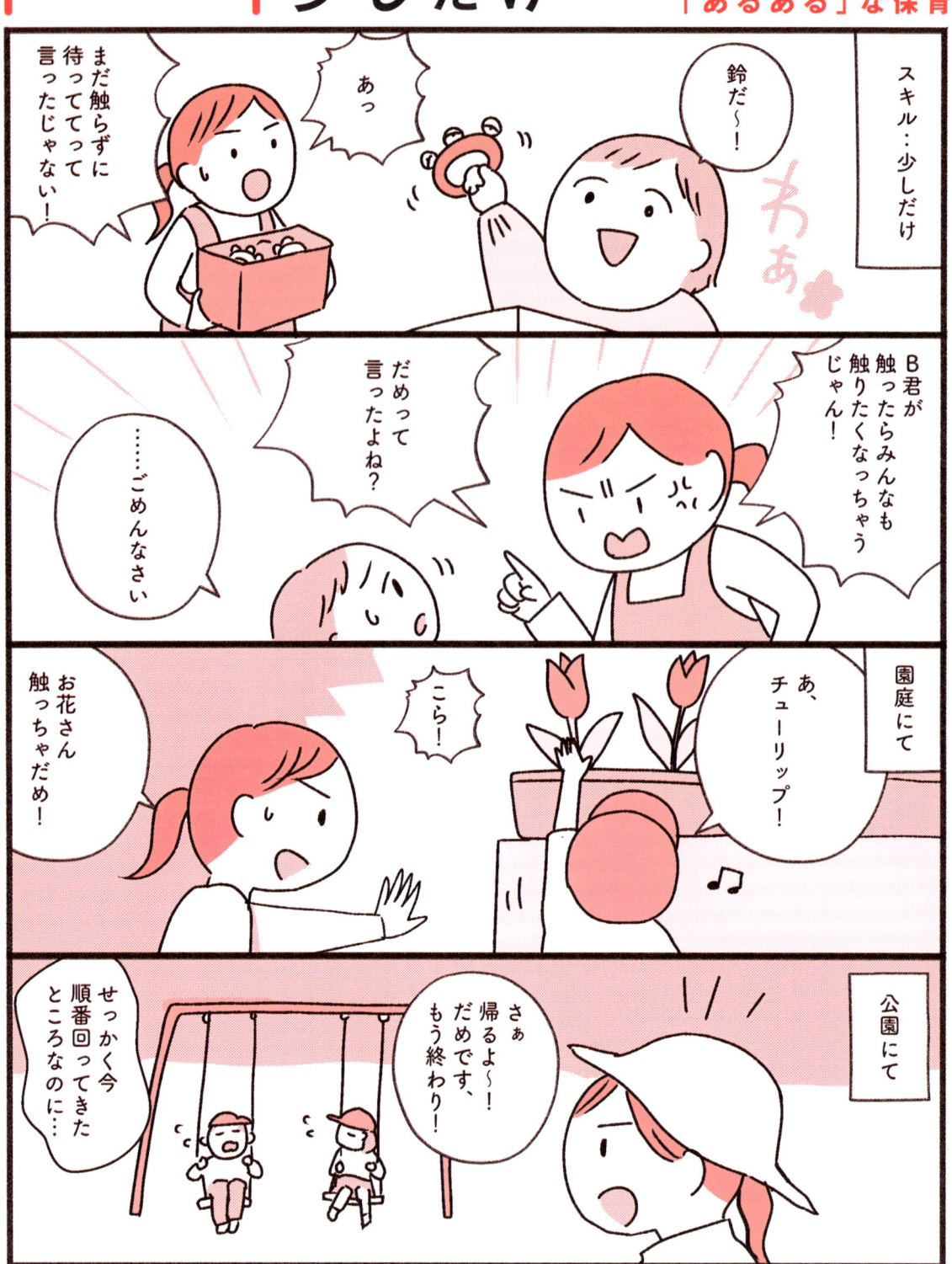

「やりたい！」気持ちは止められない

　ホールに行ったら走りたい、水があったら触りたい、おしゃべりが楽しくて仕方がない。子どもたちはやりたくて仕方がないけれど、今はやめてほしい、そんな場面は意外と多いかもしれません。意欲や好奇心に満ち溢れた子どもらしい姿ではありますが、やめてほしい場面では困ってしまう姿でもありますね。

　子どもたちの「やりたい！」の意欲はなかなか止めることはできません。やさしく「まだだよ」と言ったくらいでは止められずに、「こら！　やめなさい！」と大きな声を出して、怖い顔をして、目力でなんとか止めようとする保育者をたくさん見てきた気がします。

　しかし、例えば事例のように、音が鳴る鈴を手にして「鳴らしてみたい」と思えるとしたら、とても素敵な意欲のはずです。楽器で音を鳴らして楽しむ活動をしたいと思って鈴を渡しているにもかかわらず、鳴らそうと意欲満々な子どもほど怒られてしまうなんて悲しいものです。この後たくさんできるんだと活動の見通しをもち、気持ちのコントロールもある程度できる年長児であれば、「触らないでね」はできるかもしれません。しかし、2歳児や3歳児の「今」を生きている子どもたちに魅力的なものを渡しておいて「待て」というのは、大人が思っている以上に酷な話でしょう。せっかくやる気が出ているのに、保育者の怖い声と怖い顔で、気持ちも萎えてしまいます。

　そうはいっても、説明をしてから活動を始めたいなどの事情で、静かにしておいてほしいときもありますね。私も若いころは「ねぇ、まだ鳴らさないでって言っているよ」「あとでやっていいから、今は触らない！」そんなふうに怒っていました。どうしてがまんができないの？　少しくらいがまんして待っていなさい、そんな気持ちで怒っていたように思います。

気持ちの切り替えをつける工夫

少しの満足感で次の活動につなげる

　そんなときに活躍するのが「少しだけ」のスキルです。少しだけでも満足できると気持ちが落ち着き、次の活動にスムーズに進めたり、保育者の話も聞き入れられたりするも

のです。鈴を鳴らしたくて仕方がないなら、「鳴らすタイムをつくるよ」と言って、10秒くらい鳴らしてみるとよいでしょう。10秒間鳴らした後に「じゃあこれからお話しするからね、鳴らさないで待っていてね」と言うと、子どもたちは不思議なくらい待てるのです。まだ鳴らしたい気持ちがおさまらなさそうなら、もう10秒、もう5秒とゲームのように鳴らしたり止めたり、大きな音で鳴らして！　次は小さな音で！　そんなやりとりをしながら少しだけ楽しめれば、次に進むことができるでしょう。

　どうにかして静かにさせなくては！　どうにかして止めなくては！　と保育者目線で考えていると、言うことを聞かせようとして不適切なかかわりに発展しかねません。意欲や好奇心でいっぱいの子どもたちを止めようとすると、1日中怒ってばかりになってしまいます。子どもたちの溢れんばかりの意欲や好奇心は、活動の原動力、生きる力の元になる大事なパワーですから、押さえつけずに遊びや活動につなげていきたいものです。

　走り回るのは走りたいから、いったん思い切り走って楽しんじゃおう。そんなふうに子どもの側に立って考えてみると、対応のヒントが見えてきます。「少しだけ」のスキルを使って、子どものやる気や意欲を大切にできる保育を目指しましょう。

あと10秒には納得感を

　大人は終わりにしてほしいけれど、子どもは「もっとやりたい」という場面では、「じゃあ、あと10秒ね」「あと1回で終わりだよ」そんなやりとりがよく行われているのではないでしょうか。「少しだけ」スキルの代表例といっても過言ではありません。これで終わりと一度決めた枠組みがあるならば、できれば崩さないほうが理想ですが、枠組みにこだわりすぎると、子どもも大人も苦しくなってしまうことがあります。「じゃぁあと10秒だけね」そのくらいのゆとりをもって子どもとやりとりをしたいものです。

　「あと10秒」で大切なのは、子どもが気持ちを整理して切り替えるための幅をもつことができる点です。子どもが「少しだけ」できることで安心感を得て、心の落ち着きを取り戻し、そして自分で気持ちに折り合いをつけて終わりにできることが大切です。

　しかし、「あと10秒で終わりね」と子どもの納得感を考慮せずに大人が一方的に決めてしまうことはありませんか。あと10秒は許してあげるから、そのあとはちゃんと言うことを聞きなさい。そんなふうに活用してしまうことも多くあるように思うのです。

　もっとやりたい、けれどやってはいけないこともわかっている、そんな葛藤をする中で、「じゃあ、あと10秒遊んだらおしまいにできる」と子どもが気持ちに折り合いをつけるというように、気持ちを切り替えるために「少しだけ」を使っていると、子どもたちは自分で気持ちの折り合いをつけることの経験を積むことができます。経験を積んでいくことで「少しだけ」がなくても自分で気持ちの折り合いをつけられるようになっていくのです。

できないときは代替を提案しよう

　子どもたちの「やりたい」を叶えてあげられるときもあれば、少しだけだったとしても叶えることが難しい、そんな場合もあるでしょう。しかし、「できないよ」「無理だよ」ばかりでは、せっかくの意欲や好奇心がもったいないですね。ですから、別の形で実現できないかと考えて提案できるとよいでしょう。

　例えば、きれいに咲いている花壇の花を摘みたい子どもたち。それが近所の家の花壇であればなおのこと、摘むことは許されません。しかし、花に興味をもつことを大切にしたいと考えれば、摘んでもいい花壇をつくってみてはどうでしょうか。

　保育室に飾っていた花がしおれてきたら、「これなら自由に使っていいよ」と遊びに出してもいいかもしれません。引っこ抜くのが楽しいのであれば、抜いてもいい雑草を見つけて「ここならたくさんやっていいよ」と伝えてみてもいいでしょう。室内での水遊びが許されないとしたら、「ベランダならいいよ！」とやってよい場所を用意したり、「夏になったらプールをするよ、プールならお水でいっぱい遊んでいいからね」と、未来の活動を楽しみにできるような話をしてもよいでしょう。

　「ダメ」ばかりではなく、「こういうときならいいよ」「また今度たくさんやろうね」と声をかけていくと、子どもたちはやりたい気持ちをわかってもらえた安心感があり、気持ちを切り替えやすいように思います。❖

「少しだけ」で満足を感じる

◆ 子どもたちのおしゃべりが止まらず騒がしいときは、「では大きい声を出してみよう！　せーの」と言って、大きい声で「あぁぁぁ」と叫びます。そのあとは「次は小さい声だよ、せーの」と言って、小さい声で「あぁぁぁ」と叫びます。これを何度か繰り返すと、大きな声を出して発散でき、小さな声で気持ちを静めることもできるので、落ち着いて話を聞いてくれるようになります。

◆ 絵本を「もう一回読んで」と子どもに言われたけれど、時間がないという場面では「じゃぁ超特急で読むよ、よく見ていてね」と言って、短縮バージョンで読みます。「もう終わり、読みません」と子どもたちを説得すると、ぐずって余計に時間もかかってしまいます。4、5ページまとめて送るくらいの短縮版だったとしても、気持ちよく終わることができます。

◆ 虫かごを覗き込むとき、何か珍しいものを持ってきたときなどには、「見たい」「見えない」と子どもたちが殺到することがあります。次々と前に出てくる子がいて、トラブルになることも多かったです。そこで最近は、みんなに見せるから席に座ってねと言って、1周見せて回る時間を設けています。少しの時間でも見ることができると「見たい見たい」と殺到し、トラブルに発展することがなくなりました。

◆ 食事で何度もお替わりを欲しがるとき、もうおしまいだよ！　と言うと「いやだ」「おかわりしたい！」という子どもたちですが、「最後にちょっとだけね」と2口分くらいのお替りを渡すと、満足して終わりにできることがあります。

◆ 鬼ごっこなどで、おしまいだよ、最後の1回だよと言っても「まだやりたい」と言いがちな場面では、「あと10秒で終わりにするから、今のうちにいっぱい遊んで」と言ってから10秒数えます。その間にたくさん遊べるように保育者も遊びの中に入って、思い切り楽しむと、満足してスムーズに終わりにすることができます。

◆ プールが大好きで、私が「終わりの時間だよ」と言ってもなかなか終わりにできません。ある日、先輩保育者を見ていたら、最後にみんなでバタバタするよ！とバタ足をしたり、水の中でジャンプをしたりして、最後だよと告知した上でひとしきり楽しんだ後に、とてもスムーズに終わりにしている姿がありました。

もっとやりたいという子どもの気持ちを汲み、満足したタイミングで終わりにすると、こんなにもスムーズにいくのかとびっくりしました。

◆ 職員研修で積み木遊びをしたときのことです。終わりの時間に、「え、もっとやりたい」「今いいところだったのに」という声が上がりました。子どもたちも同じような気持ちをいつも味わっているのかと思い、職員みんなで反省したことがありました。もっとやりたい！　という気持ちは、集中して取り組んでいたり遊びを楽しんでいる証だと思います。そうはいっても、終わりにしないといけない時間はあるので、「もう時間だからだめです」と言わずに、やりたかった気持ちを受け止めたり、別のタイミングで遊びを保障できる工夫をしていきたいと思っています。❖

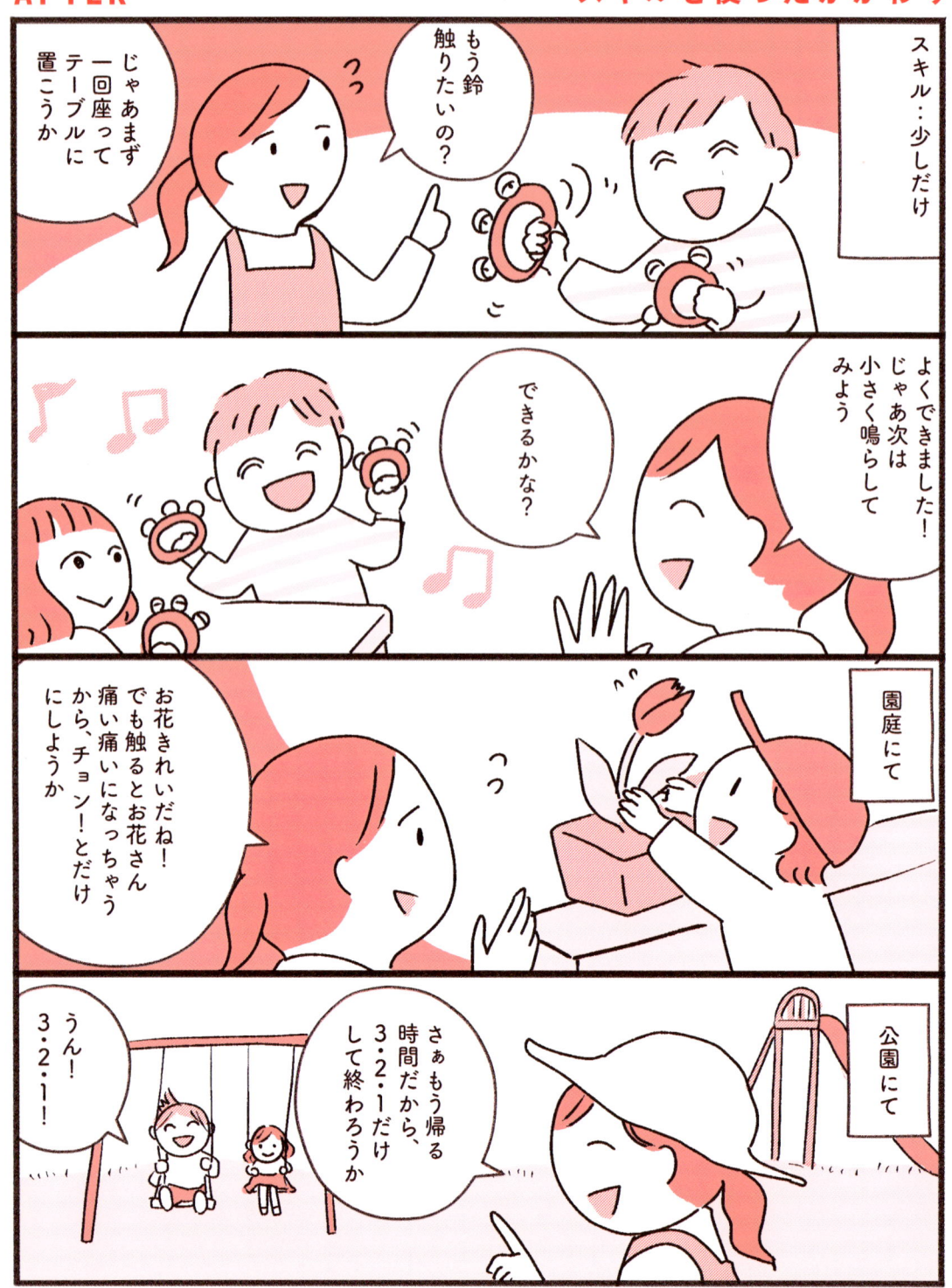

マインドチェンジ

MINDCHANGE

子どもの視点に立ってみる

「もっとやりたかった！」と全身で訴える子どもたちが、「また明日やればいいでしょう！」「もう30分も遊んでいるのにまだやりたいの？」「早くやっておけばよかったでしょう」そんなふうに怒られてしまうことはありませんか。園では、給食の時間が決まっているなど、大人側の事情もあるため、保育者は常に時間を気にして行動していることでしょう。では、子どもたちはどのように時間をとらえて過ごしているのでしょうか。

子どもは時計という道具を使い慣れていないため、1時間がどのくらいかという感覚はなく、出来事の多さで時間の長さを推測しているといわれます。公園に行き、さまざまな遊びを楽しめば、「たくさん遊んだ」と感じるし、砂場だけで集中して遊んでいたら「まだ砂場でしか遊んでいないのに」そんなふうに感じるようです。

「また明日やろうね」の明日はいつのなかよくわからない。「もっと早くやっておけばよかった」と言われて、怒られていることはわかっても、次にどうしたらよいのかピンとこないのが現実なのかもしれません。

何度言っても言うことを聞いてくれないと思うとき、実は伝わっていないことも多いように思います。どうしてできないの？　と思うことは、大人の感覚では当たり前にできても、子どもの感覚ではまだできないことだったりもするのです。「お友だちのものを取ってはだめ！」と言う前に、自分の物、他人の物という認識がどこまであるのか考えてみましょう。「お友だちの気持ちを考えなさい！」と言う前に、他人の気持ちをどこまで認識できているのかを考えてみましょう。どうしてわからないの？　と思う前に、どこまでならわかるかな？　どう言えば伝わるかな？　と考えていく必要があります。

こうなってほしい、ちゃんとできるようになってほしい、そう子どもの育ちを願えば願うほど、大人の視点に立ってしまいがちです。いっぱいやっても、もっとやりたい！　ということもあります。そんな子どもの視点に立つことを大切にして、保育をしていきましょう。◆

子どもの願いが中心になっている？

行事って誰のため？

そもそも行事は誰のためのものでしょうか？　「本園では、伝統的に〇〇をやっているんです」という話をよく聞きますが、その伝統は誰のためのものでしょうか。

「保護者に、子どもたちの成長した姿を見せたい」という目的を掲げることもあります。さて、「成長した姿を見せたい」と思っているのは誰ですか。子どもたちが自ら「見てほしい」と願っているのでしょうか。保育者が「見せたい」と思っているのでしょうか。それとも保護者が「見たい」と思っているから、その期待に応えているのでしょうか。

園長として園見学の対応をしていると、見学に来た保護者から、必ずと言っていいほど「行事はどんなことがありますか?」という質問が出ます。保護者にとっても関心が高いテーマですし、実際に子育てをしてみると、親としても行事は楽しみの一つです。

「行事はいらない」ということではなく、「子どもの願いが中心になっている行事」であるかどうかを問い直すことが必要です。

この取り組みは子ども中心？

私が初めて勤めた園の運動会では、毎年プログラムが決まっていました。3、4、5歳児はそれぞれ『ダンス』をするのがその園のやり方になっていました。3年目に5歳児クラスの担任をしたときのことです。障害児を受け入れていたこともあり、ベテランの先生と2人担任でした。そのベテランの先生が「旗をもって隊形移動しながら歩くフラッグダンスをやってみたい」と言いました。当時の私には特にアイデアがありませんでしたし、ベテランの先生から学ぶことも大切だと思っていたので、演目としてフラッグダンスを行うことになったのです。

運動会に向けた1か月半の活動は、時々散歩に出かけるものの、ほぼ毎日「運動会の練習」でした。

毎日子どもたちをきちんと並ばせることから始まります。初めのうちは、素敵な旗を持って楽しそうにしていましたし、揃わなくても当然と思っているので楽しかったのですが、運動会が近づいてくると、フラッグダンスとしてきれいに仕上げていく必要があり

ます。「ほら、そうじゃないでしょ。はみ出ている」「そこの並び順が違う！」と子どもへの指導も白熱し、運動会間近になると、「そんな並び方じゃ恥ずかしいよ」など、言葉も荒くなっていきました。

　ついには、毎回立ち位置を間違えるポイントで「立つのはそこじゃないでしょ。ここ」と言いながら、子どものシャツの肩をつかんで、決めた立ち位置に合わせるように子どもの身体を操作したこともありました。言われていることがわからなくて、目に涙を浮かべながら取り組む子どももいました。それでも子どもたちはがんばり、運動会当日、保護者はその姿に感激し「先生方の指導のおかげです」と言われ、「大変だったけど、やってよかった」と感じていました。これは子どもの権利条約が批准されたばかりの30年ほど前の話です。

子どもの権利から業務を考える

子どもの成長は保育者の指導のおかげ？

　保育者として、保護者に感謝されることは喜びの一つです。それは、子どもの成長を保育者の成果として保護者に見せていくことなのでしょうか。

　私が若い頃に出会った保育観として衝撃を受けた言葉に、「子どもは、大人の粘土細工ではない。子どもは自ら自己を形成していく」というものがありました。そのとき、子どもの肩をつかんで立ち位置を操作した自分の中の保育経験がよみがえり、取って付ける、切って貼る……もしかしたら、そんな保育をしているかもしれないと心が痛くなりました。

　私たちの日々の保育が、子どもに大きな影響をおよぼすことは事実ですが、「保育者のおかげで子どもが成長する」ととらえたら、子どもの成長そのものを、まるで粘土細工のようにいじり回してしまうことになるのかもしれません。

　その状態がいきすぎると、大人のさせたいことが中心となり、子どもの気持ちを置き去りにし、子ども自らが伸びゆく力を押さえつけ、不適切な保育へと傾いてしまうのです。

　保育所保育指針解説（平成30年2月）では、「第4章　子育て支援」の中で、行事も保護者との相互理解の一つの手段や機会として位置づけていますが、「このような手段や機

会を子育て支援に活用する際には、保護者の子育てに対する自信や意欲を支えられるように、内容や実施方法を工夫することが望まれる。」とあります。

　子どもの権利を置き去りにし、保護者に対して見せることを目的とした行事のあり方は見直しが必要です。

子どもの意見表明権

　子どもの権利条約批准後、日本は子どもに関する法的な整備が行われないまま歩んできました。2019年、国連子どもの権利委員会の審査で、国内法の整備に関する勧告を受けました。要するに、国連から「日本は子どもの権利を考えた法律の整備が進んでいない。条約に基づき子どもの権利に関する包括的な法律を採択するように」と注意を受けたのです。2023年4月こども家庭庁が創設され、あわせて『こども基本法』が施行されました。

　この30年間の間に、海外では子どもの権利条約をふまえた制度の見直しが進み、教育の内容も進んでいる国があります。日本は30年の遅れをとっているわけです。それを実感した出来事がありました。イギリスに海外赴任していた両親が10月に園見学に来たときのことです。私の園では運動会の練習をしていない様子をご覧になり、「多くの園を見学にまわったけれど、運動会の練習をしていない園がようやくみつかった」とおっしゃったのです。イギリスで出産し子育てをしてきた両親にとっては、「日本はまだ一律的に運動会の練習をしているのか」という感想をもっていたようでした。

　「この園では、昔からやっている伝統だから」という感覚で今までやってきたことを続けていると、世界的な視点から乳幼児教育を見たときに、「子どもの権利」に関しては大きく出遅れてしまう結果になるのかもしれません。子どもの権利条約の『子どもの意見の尊重』という視点から、行事の取り組み方も含め、保育を振り返ることを大切にしたいものです。保育所保育指針では、『養護』でも『教育』でも、子ども自身が自分の気持ちを言葉で表現することの大切さが位置づけられています。

　2024年は、子どもの権利条約批准から30周年にあたります。『こども基本法』として子どもの権利条約の法的整備が進んだ今、『こどもまんなか』にスキルアップしていくことをすべての保育者、保護者と一緒に考えていきたいものです。❖

第1章
第2章
第3章

行事を見直す

◆ 「運動会」というと、既存のイメージでプログラムを考えてしまうので「スポーツフェスティバル」と呼び名を変更し、子どもたちの意見から考えた競技に親子で参加します。見せるのではなく、参加型の行事に変更しました。

◆ 年齢ごとに競技を振り分けるのではなく、競技が決まったら事前に保護者にお知らせし、家庭で「どの競技に一緒に参加したいか」子どもの意見をくみ取ってもらう、エントリー制にしています。

◆ 夏祭りは毎年年長児が話し合ってテーマを決めています。テーマによって、お店屋さんごっこみたいに展開するときもあれば、迷路などのアトラクションのように展開することもあり、内容は毎年まったく違います。子どもがイメージを決めることで、家庭で子どもが会場装飾の準備をしてくるなど、子ども自身が行事を主体的に作っている熱意を感じました。

◆ 毎月の誕生会は行っていません。その代わり、一人ひとりの誕生日にろうそくに火を灯して歌を歌い、お祝いをします。誕生日はその子の存在の原点。ひとまとめにせず大切にしたいです。

◆ 作品展は行っていませんが、日々子どもたちが自由に創り出すものを、きれいに飾るようにしています。玄関は一年中小さな作品展です。

◆ 遠足は年間行事に組み込んでいません。子どもたちが何かに興味を示したときに、子どもたちと一緒に計画していきます。計画し、子ども自身の言葉でその計画の内容を保護者に伝えます。計画の経緯は保育者からも共有しますが、子どもが「自分で伝えている」と感じるように、保護者には初めて聞いたかのように演じてもらいます。路線なども一緒に調べ、時間の組み立てなども子どもと一緒に相談しながら決めていきます。連れて行ってもらう遠足ではなく、企画・プレゼンテーション・実行し、自分たちで行く遠足になっています。

◆ 発表の機会はつくっていますが、年齢ごとの出し物ではなく、何を見てほしいかを子どもが考えます。一人で歌う子もいれば、チームでダンスを発表する子もいます。人前に立つことが苦手な子は、大道具や照明を担当しながら「みんなの中の自分」

として役割を担っていきます。誰が主役をやるかが大事ではなく、一人ひとりが自分の得意なことを活かす主人公となれるようにしています。

◆ 親子で成長を実感するというテーマで、年度末に1年間で増えた体重と同じ重さの野菜を計って持ち帰ります。身体測定を実施してきた看護師と、日々食事を提供している栄養士を中心に企画します。「こんなに大きくなったんだね」と実際の重さを感じたり、持ち帰った野菜を使って家庭で一緒にカレーライスをつくったという話も聞きます。

◆ 0・1・2歳児はほとんど日常の保育環境のまま、保護者が遊びに参加する『コーナー遊びの会』を行っています。スタートは保護者同士の自己紹介をしたり、日常で楽しんでいる触れあい遊びなどを紹介したりし、保護者会を兼ねることで、保育者の行事負担の軽減にもなりました。「いつもの姿がよくわかる」と保護者にも好評です。

◆ 以前は夏祭り・運動会・お店屋さんごっこ・作品展・クリスマス会・進級発表会・保護者会・卒園式といろいろありました。行事のたびにプログラムや装飾など、保育者が手づくりをするので、業務量も多かったです。そこで行事を見直し、夏祭り＋お店屋さんごっこ＋作品展を1つの行事にアレンジしました。進級発表会も年度末の保護者会の終わりに、子どもたちが登場して普段楽しんでいることを披露する形に変更。年間計画そのものを見直したことで、行事に追われている感じが少なくなり、子どもの意見を取り入れながら、子どもと一緒にじっくり取り組めるようになりました。

◆ 行事の前日は、特に子どもとゆっくりかかわることを優先したいと思いますが、通常業務＋行事の準備などがあり、慌ただしくなりがちでした。そこで、前日の通常業務（連絡帳やその日の保育の様子を伝える掲示）を簡略化しました。ガイドラインの通知文を引用しながらお知らせをして、保護者にご理解いただきました。"こどもまんなか"の保育に向かうために、保育者のゆとりをつくる工夫を心がけたいです。◈

マインドチェンジ

他の子と違うのはダメ？　「カタツムリの赤ちゃん」

　新園の幼児クラスは、ほとんどが転園してきた子どもたちです。6月、散歩でカタツムリを見つけたことをきっかけに、カタツムリ製作を展開。丸い紙にグルグルと渦巻きを描く子がほとんどでしたが、一人だけ、小さな〇を真ん中に描いた子がいました。「これカタツムリのあかちゃん」とその子は言いました。素敵な感性だと思いそのまま飾りました。

　すると保護者から「うちの子の作品だけ、みんなと違う。前の園では、いつもちゃんとみんなと同じものを作っていた」というご意見をいただくとともに、作品が飾られている写真が共有されました。この作品は、「カタツムリの赤ちゃん」を想像しながらお子さんが作ったものだと、製作の過程をお伝えしました。

　みんなと同じようにできているという成果は、保護者の安心の一つかもしれません。しかし、大人が手助けをして子どもの力でできたかのように見せかけていく『成果』には、どんな意味があるのでしょう。「だれかがやってくれる」という依存心、「みんなと一緒でなければならない」という同調圧力、「先生に言われたとおりに行動する」指示待ちの態度……子どもの育ちにおいて大切なことをたくさん取りこぼしてしまう気がします。

　「カタツムリのあかちゃん」を表現した感性をオリジナリティとして受け止めたことで、他の子も水玉模様、花模様と、さまざまなカタツムリを作るようになっていき「自分らしい表現」が広がっていきました。秋を迎える頃には、意見をくださった保護者も「わが子の作品がよくわかる」と、オリジナリティの面白さを感じてくれました。

　子どもの権利条約では、子どもを「保護の対象」と見る子ども観から、「権利の主体」とする子ども観へ転換が求められています。"できないことをやらせてあげる"という保護の視点から、"子どもが何を表現したいのか"と権利の主体として考えていく。そのマインドチェンジを大事にしていきましょう。◆

第1章

第2章

第3章

「時間がない・余裕がない」にさようなら

すきま時間にできるスキルアップワーク

スキルアップをすることで、自分で作り出すゆとりも生まれます。研修は1、2時間の講習と単純に決めつけていませんか？ 5分だけでもいいので、小さなことに取り組んでみましょう。小さなことは、『日常的』にできるようになります。日常的に行うことは、習慣として身につきやすいです。第3章は、小さな研修の紹介です（各ワーク①だけでも、日々の保育を立ち止まって考えることができます）。

考えてみよう　やってみよう

『あの手・この手』

時間がない、余裕がないから後回し？

『保育所保育指針』では、保育者としてスキルアップすることの重要性が明記されています。

「各職員は、自己評価に基づく課題等を踏まえ、保育所内外の研修等を通じて、保育士・看護師・調理員・栄養士等、それぞれの職務内容に応じた専門性を高めるため、必要な知識及び技術の修得、維持及び向上に努めなければならない。」（保育所保育指針　第5章　1-（1）保育所職員に求められる専門性）

「指針に書いてあるから、スキルアップをしなければならない」と感じると、自分にとって重く「やりたくないもの」になってしまいます。現行の保育士配置基準では、日々、子どもと一緒に過ごすことだけで精いっぱいで時間がない、余裕がないという厳しい現状があることも確かです。

だからといって、そのままでよいのでしょうか。

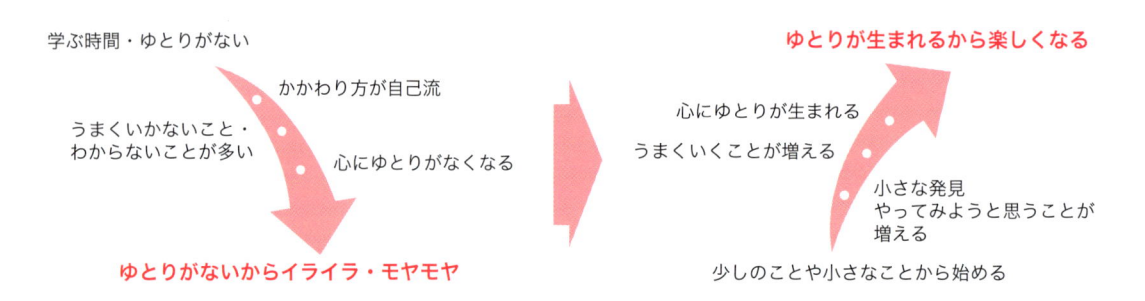

子どもとのかかわりは技術として身につけ、スキルとして磨いていくことができます。本章では、園内研修などに活用できるワークを紹介します。

- 一人で取り組めば自分自身の保育の振り返りになります。
- クラスなどのチームで取り組めば、クラス運営の見直しや方向性の一致に役立ちます。

施設長・園長やリーダーの皆さんは、例題を自由にアレンジして、チームにとってより身近な研修となるように、工夫してご活用ください。

研修をすすめるときに大切にしたいこと

☑ 正解は一つではない

自分とは違う視点からの意見は、互いにより良いかかわりを発見していくための材料となります。自分とは違う意見があっても、一度受け止めながら進めていきましょう。

一度にたくさん詰め込むよりも、短い時間で日常的な場で取り組んでみましょう。

☑ 繰り返し取り組むと効果的

何事も身につけていくためには、繰り返しのトレーニングが必要です。「1回やったからおしまい」ではなく、繰り返し取り組んでみましょう。

前回と今回で、思いついたことや考えたことが違う。その違いこそが保育者としての『成長』です。繰り返すことで、前回と今回の自分の考え方の変化や成長を発見していくことができます。その一つひとつが自信につながります。

☑ 第2章やコラムと一緒に活用

保育者としてのかかわりの視点を広げるために、第2章では『マインドセットの見直し』、第3章ではコラムを紹介しています。いずれも短い文章にまとめました。

経験の浅い保育者は、第2章やコラムを参考にしながらワークに取り組んでもいいでしょう。自分の実践の振り返りを強化したい方は、ワークに取り組んで自分なりに考えてみてから、参考として読んでみると、考えの幅が広がります。

チームで取り組むときは声に出して読み合ってみると、一人で読むときとは違う発見があります。また、読み合うだけでも小さな研修としての効果があります。

☑ ワークは"やってみたい"と感じるものから取り組む

園ごとに課題は違うので、「私たちの園ではこれをやってみたい」というものからスタートしてもよいでしょう。

スキルアップは個人の課題でもあるので、参加者の希望に沿っていくことも大切です。

どれをやりたいか？　を選ぶこと＝自分の課題整理という一つのワークとなるのです。◆

ワーク — 1

適切な保育・不適切な保育 境界線はどこ？

心理的虐待やネグレクトに関係する虐待的行為は、人によって感じ方が違います。保育者の感じ方も違えば、受け取る子どもの感じ方も違います。「境界線はどこですか？」という質問を多くいただきますが、明確な答えはありません。自分で考え実践し、子どもの反応を見ながらスキルアップしていくことが大切です。

ワークで確認したいこと ·······

- 他人の判断軸ではなく自分の判断軸を磨いていく。
- 人それぞれ感じ方が違うことを意識する。他者の保育を批判するだけでなく、保育の意図を共有するための言葉を探る。

ワークの進め方 ·······

① ワークシートを読んで、普段の自分が行いがちな行動に近いものを選びましょう。その上で、不適切な保育の境界線だと思うところに線を引いてみましょう（複数の線を引いてもかまいません）。

② なぜ、そこを境界線だと感じたのか、自分の感じ方を書き出します。理由は複数あってもかまいません。なるべく具体的に言葉にしていきましょう（①で複数の線を引いた場合は、線ごとに理由を書いていきます）。

③ 線を引いたり、理由を書き出したりしながら、自分の感じ方の傾向を考え書き出してみましょう（例：時間に追われると怒りっぽくなる、子どもの声が騒々しいのが苦手など）。

④ ディスカッション①：テーマに沿って2人〜5人程度のグループで意見交換を行います。

⑤ ディスカッション②：例題の場面で、より適した言葉やかかわりを考えてみましょう。個人で行う場合は、考えを書き出してみましょう。

ワーク 場面1

2歳児のあっくんが、園庭に出ようと誘っているのに、聞こえないふりをして逃げ回ります。せっかく片づけたブロックをバラバラ出してみたり、テーブルに乗ったりします。

■あなたが不適切だと感じる境界線を引いてみましょう。（複数可）

① あっくんの気が済むまで声をかけない。

② あっくんのところに行き、「園庭に行くよ」と短い言葉で端的に伝える。

③ あっくんのところに行き、顔を見て「園庭で何して遊ぼうか？　一緒に行こう」と誘う。

④ あっくんのところに行き無言で抱き上げ、支度の場所に連れて行く。

⑤ あっくんとは少し離れたところから「あっくん行かないの？」と声をかける。

⑥ あっくんとは少し離れたところから「準備しない人は置いていくよ」と大声で言う。

⑦ 先に他の子の支度を済ませあっくんのところに行き「いい加減にしなさい！」と手を引いて連れて行く

⑧ 他の子と一緒に支度を済ませ「あっくんバイバイ」と、保育室に一人残してドアを閉める。

■境界線だと感じるあなたの考え方を具体的に書き出してみましょう。

ワーク 場面2

もうすぐ運動会。4歳児のいーちゃんはダンスを踊るのが恥ずかしいと言って、参加しようとしません。

■あなたが、不適切だと感じる境界線を引いてみましょう。（複数可）

① ダンスをしたくないなら、しなくてもいい。そのまま放っておく。

② 参加しない様子を見守りつつ、「みんなと一緒にやってみよう！」と毎日少しずつ誘う。

③ ダンスの練習時間はそっと見守り、違う時間でいーちゃんの気持ちを聞いてみる。

④ 「お父さんやお母さんがダンスを見たいって言っているよ。がんばろう！」と誘う。

⑤ 「どうしてやりたくないの？」とみんなの前で聞く。

⑥ 「もう4歳児さんなのだから、恥ずかしがっているほうが恥ずかしいよ」と話をする。

⑦ 「恥ずかしがるなんて、1歳児さんみたい」と言う。

⑧ 「恥ずかしがっている人は赤ちゃんみたいだと思う人？」とみんなの前で聞く。

■境界線だと感じるあなたの考え方を具体的に書き出してみましょう。

振り返り・ディスカッション

① 意見交換

どのように考えて、どこに境界線を引いたのか？　それぞれの考え方を共有しましょう。

※考え方は人それぞれ違います。他の人の意見が自分とは違うものであっても、1つの意見としていったん受け取ります。

② 例題の場面を思い浮かべながら、保育者のかかわりの問題点を出し合ってみましょう

（○番は△△の問題点があるなど）。

③ 例題の場面で、より適した言葉やかかわりを話し合ってみましょう。

※園内研修等を企画する方へ

● 大人数で行うときには①・②のペアを変えていくことで、職員間の交流が深まります。

　ディスカッションはペアのまま行ってもいいですし、2〜3組のペアを合わせて4人〜6人で行ってもいいでしょう。チームの現状を考えて、話しやすい雰囲気をつくること、全員が話をすることを意識し、アレンジしてください。

● 研修時間を設定することを負担に感じている場合は、どちらか一つを行ってみてもいいですし、どちらか一つ参加者自身がイメージしやすいほうを選んでもらう方法でもいいでしょう。もちろん2回に分けて行うのも一つの方法です。

● 乳幼児期に関する場面の例題は、自分で作ってみたり、職員から募集するとより具体的に深まります。

コラム

自由と自分勝手の区別

　不適切な保育が話題になる一方で、『主体性を尊重した保育』という方向性を目指す保育者にもたくさん出会います。「子どものやりたいことを自由にやらせてあげたい」という願いを抱いていても子どもの言うことをすべて聞いていたら、保育は進められない。どうしたらいいのか？　そんな相談を受けることも少なくありません。

　保育所保育指針には、保育園生活での「きまり」について、次のように記されています。

ねらい：保育所の生活の仕方に慣れ、きまりの大切さに気付く。

出典：『保育所保育指針』第2章　保育の内容　2　1歳以上3歳未満児の保育に関わるねらい及び内容　（2）ねらい及び内容　イ人間関係

ねらい：社会生活における望ましい習慣や態度を身に付ける。

内容　：友達と楽しく生活する中できまりの大切さに気付き、守ろうとする。

出典：『保育所保育指針』第2章　保育の内容　3　3歳以上児の保育に関するねらい及び内容　（2）ねらい及び内容　イ人間関係

　ここで、「自由」と「きまり」のバランスを考えてみましょう。例えば、「自由にドライブがしたい！」と考えたときに、どうしたら自由に楽しめるでしょうか。ドライブを楽しむためには、交通ルールという「きまり」があります。好き勝手にアクセルを踏み、気ままにハンドルを動かしていたらどうなるでしょう。事故を起こしてしまいます。自由に安全にドライブを楽しむためには「きまり」を守ることが必要です。

　「きまり」は、人間関係を構築していく上で一つの要素となっています。園生活でのポイントは「きまりの大切さに気づく」ことです。

- ○○先生は"いいよ"と言うけれど、△△先生は"ダメ"という。
- 先生の気分によって、やってよいときとダメなときがある。
- 子どもにとって"大切"だと納得できないのに「決まりだから」と言われる。

　さて、このような保育環境の中で、子どもたちは「きまりの大切さに気づく」でしょうか。

　子どもたちが、自分勝手・好き勝手ではない本当の意味での『自由』をつかんでいくために、園生活での「きまり」を皆さんはどのように位置づけているのでしょうか。その「きまり」は大人の都合に偏りすぎていないでしょうか？　ぜひ問い直してみてください。◆

第1章

第2章

第3章

ワーク

保育の振り返りから『あの手・この手』を発見

自分の保育を自分で客観視するのは簡単ではありません。"だってあのときは〇〇だったし""だってこのときは△△だったし"……。私たちは皆、その時々の自分なりのベストを尽くしています。ベストを尽くしていることを自己承認しつつ、より良いかかわりを探求するためには、自分の保育を客観視することが大切です。

ワークで確認したいこと

- 架空の保育者のふるまいについて考えることを通して、『客観視する』感覚をつかむ。
- 保育を客観的に振り返ることにより、次のあの手・この手を発見しやすくなる。
- アドバイスをするという設定で、スキルアップのポイントを自分なりの言葉にして深めていく。

ワークの進め方

① ワークシートを読み合い、桐乗まいこ先生（仮名）の言動について考えてみましょう。
　※似たようなことを自分もやっていると感じても、そのことは横に置いておきます。客観視することを意識しましょう。

② 2人組になり、まいこ先生のどのような言動のどのあたりが保育として「望ましくない」かを、紙に書き出します（一人で行う場合は、自分の考えを書き出していきます）。

③ 全体で発表し合います（2人組のどちらかが発表します）。

④ 同じ2人組で、まいこ先生へのアドバイスを考えます。まいこ先生が、子どもの気持ちを理解しながら、より適切なかかわりをできるようになるために、
　• 子どもへの対応をどのようにすればよいか。　• どのような保育の工夫ができるか。
　思いつく限り書き出します（一人で行う場合は、自分の考えを書き出していきます）。第2章で紹介しているどのスキルと結びつくのか整理してみましょう。

⑤ アドバイスの内容を、全体で発表します（2人組のもう一方の人が発表します）。

⑥ ディスカッション：テーマに沿って、意見交換をしましょう。

ワーク

桐乗まいこ先生（仮名）は2年目の保育士で、今年度は2歳児の担任です。クラス全体の保育の流れも意識しながら、保育を進めていきたいと考えています。しかし、子どもへのかかわり方の引き出しが少なく、子どもに対してイライラ、キリキリしてしまうことがあります。

■まいこ先生のかかわりのどのあたりが"望ましくない"のでしょうか。「〇〇の部分が、△△という理由で望ましくない」などと書き出してみましょう。なるべく具体的に、思いつく限り箇条書きにします。もしかしたら、自分も似たようなことをしている瞬間があるかもしれないと思うかもしれません。このワークは『客観視する』ということがテーマです。自分の日常の保育はワーク中の考えから外して、まいこ先生の行為に着目してください。

望ましくないと感じる部分	理由

■まいこ先生が"より適切なかかわり"ができるように、うーくんへのかかわり方へのアドバイスや、どんな保育の工夫ができるかを書き出してみましょう。

※本書2章のスキルを参考にしながら、具体的に書き出してみましょう。

まいこ先生へ　☆あの手・この手アドバイス☆	参考スキル

振り返り・ディスカッション

まいこ先生という架空の保育者の保育について考えました。客観的に、保育士のふるまいを注目してみました。客観視した体験により気づいたこと、発見したことはどんなことがありましたか。

子どもの気持ちを考えながら、まいこ先生にアドバイスをしたり、他の人が考えたアドバイスを聞いたりして、気づいたこと、発見したことはありますか。

※園内研修等を企画する方へ

- 2人組で意見を出し合うことは、「参加者が他人事にしない」という状態を作り出す効果があります。
- 望ましくないかかわりに関しては、あくまでも『客観視』することが目的です。「自分たちの園でもこういうことがあるから、気をつけよう」など、出てきた意見を現状指摘の材料にすると『客観視』の効果は薄まってしまいます。「多くのことに気づける私たちはすごい！」という承認として扱います。
- アドバイスに関する意見は、「完璧は難しいかもしれないけど、そういう方向性に向かっていきたい」と、未来に向けてのエネルギーにしていきましょう。
- 完璧を求めすぎてもお互いが苦しくなります。"同じ方向を向いている"ことを大切にして、一つひとつ実践につなげていきましょう。
- 一緒に考えたアイデアは、掲示や印刷物として資料にし、職員間の学び合いに還元しましょう。
- 桐乗まいこ先生は、その名前のとおり"キリキリまい"状態の象徴です。他の例題を自分で作ってみたり、職員から募集すると具体的に深まっていきます。

肯定的な話し方
言葉の引き出しを増やす

子どもとのかかわりは、場面に応じてとっさに言葉を選んでいく必要があります。肯定的なかかわり方を身につけるためには、多くの言葉の引き出し『あの手・この手』に触れていることが大切です。備えあれば憂いなし。言葉の引き出しを増やしていきましょう。

ワークで確認したいこと

- 保育者は肯定的な態度を基本とする (本書82頁参照)。
- 否定的なかかわりと肯定的なかかわりの違いを、子どもの目線で体験してみる。

ワークの進め方

① ワークシートを読み、場面に応じた言葉を記入してみましょう。

② 2人組になり、子ども役・大人役を決めます。子ども役に向かって、大人役は否定的な言葉 (ワークシートの例題どおり) を3回繰り返して伝えます。次に、肯定的な言葉 (自分が考えた言葉) を3回繰り返して伝えます。

③ 役割を交代して、大人役から子ども役に否定的な言葉を3回、肯定的な言葉を3回伝えます (①〜⑤の例題それぞれに対して、2と3を繰り返します)。

④ テーマに沿って、ディスカッションをします (個人で取り組む場合は、ワークを通じて"気づいたこと"を書き出してみましょう)。

⑤ ワークで考えた肯定的な言葉は、大きめの付箋などに書き出して、オリジナルの『あの手・この手』として職員間で共有しましょう。

相手の存在を否定する態度や言葉	相手の存在を肯定する態度や言葉
怖い表情・見下ろす等の威圧的な視線 強い口調・早口 相手を「できない」存在としている 相手を下の存在として見ている あきれた言い方・脅した言い方 他の子どもと比較する 感情的・衝動的 からかいや冷やかし	笑顔・子どもの目線に高さを合わせる ゆっくりと落ち着いた口調 相手を「成長している」存在としている 相手の対等な存在として見ている 子どもの気持ちを一度受け止める 明るく楽しい言葉を選ぶ どうしたらうまくいくか、具体的な言葉を選ぶ

ワーク

① 食事の前に、かっちゃんが手を洗わずに座りました。ご飯が食べたいと怒っています。「手を洗わない子には、ご飯はないよ！」「毎日言っているのに、わからない子だね」と言いました。
　肯定的な語りかけやかかわりを考えて「　」に書き込んでみましょう。

② 遊んでいるときに、きいくんが友だちの使っていたミニカーを奪い取りました。「きいくん！取っちゃだめでしょ！」と言いました。
　肯定的な語りかけやかかわりを考えて「　」に書き込んでみましょう。

③ 絵の具の活動をしているときに、くーちゃんの水入れがテーブルの端から落ちそうになっています。「落ちそうだよ。ちゃんと気をつけないと！」と言いました。
　肯定的な語りかけやかかわりを考えて「　」に書き込んでみましょう。

④ 散歩の際にけいくんが、よそ見をして歩き、電信柱にぶつかりました。「どこ見て歩いているの？」「気をつけなかったけいくんが悪いよね」と言いました。
　肯定的な語りかけやかかわりを考えて「　」に書き込んでみましょう。

⑤ 朝や夕方の集まる時間に、こっちゃんが隣に座っている友だちをつついています。
　「嫌だ〜」と言われているのに、笑いながら続けます。
　「こっちゃん！『嫌だ』って言われているでしょ！やめなさい！」
　「みんなどう思う？こっちゃん赤ちゃんみたいだよね？」と言いました。
　肯定的な語りかけやかかわりを考えて「　」に書き込んでみましょう。

第1章　第2章　第3章

子どもの気持ちになって否定的な言葉・肯定的な言葉を聞いてみて、受け取り方にはどんな違いありましたか。どんな気づき・発見がありましたか。

保育者（相手役）と一緒にいるときの安心感や心地よさから、大切にしたいと感じたことはどんなことでしょうか。

※園内研修等を企画する方へ

- 大人数で行うときには②〜④のペアを変えていくことで、職員間の交流が深まります。
- 研修時間を設定することを負担に感じている場合は、一つだけでも行ってみるといいでしょう。
- 否定的なかかわりの例題を自分で作ってみたり、職員から募集してみると、具体的に深まっていきます。
- ディスカッションの後に、それぞれでグループで出てきた意見をシェアすると、学びが深まります（発表をする・書き出したメモを集めて回覧するなど）。
- 参加者が考えた肯定的な言葉を、互いの目に触れやすいように、掲示や印刷物等にして残しましょう。学び合い高め合う雰囲気づくりに役立ちますし、研修の記録となります。

コラム

メリハリを大事にしたい！

　不適切な保育が話題になり、何でも不適切と思われてしまう不安の中にいる。それだけでは、子どもの育ちは保障できないと疑問に感じている。そういう声も少なくありません。

　『メリハリが大事』という話題になるとき、その内容は“ダメなことはダメ”と伝えていくことに偏っている気がします。

　「ご飯の前は、手を洗わなくてはダメ」「おむつが汚れていたら、替えなくてはダメ」

　〇〇しなくちゃ・させなくちゃという思いから、“やるべきことはやる”“ダメなことはダメ”と『メリハリ』を考えていませんか。

　「わー、お水気持ちいいね」「せっけん、ブクブク。おもしろいね」「手はピカピカ。きもちいいね」「ウンチでおしりがかゆくならないように、きれいにしようね」「おなかスッキリしたね」など、“快いことを快いこと”として、子どもが認識していくための『メリハリ』をどの程度大事にしているでしょうか？

　「いっぱい遊んだね。おなかペコペコ。ごはん楽しみ」

　「わー、今日のごはんおいしそう」「おいしいね」

　「布団にゴロゴロするの、気持ちがいいいね」「お昼寝おわったら、またいっぱい遊ぼうね」

　『メリハリが大事』という意見には賛成です。子どもの生活の豊かさを養うためにも、生活を支えている身近な大人は“快い感覚”を言葉にしていくメリハリを大切にしていきたいものです。

　保育所保育指針では、保育の目標の一つとして言葉の豊かさに触れています（第1章総則1保育所に関する基本原則　（1）保育の目標（オ））。

　生活の中で、言葉への興味や関心を育て、話したり、聞いたり、相手の話を理解しようとするなど、言葉の豊かさを養うこと。

　生活の中に、子どもが「聞きたい」と思う言葉があふれていくように、言葉を選んでいきたいものです。◆

ワーク **4**

受容的なかかわりの
効果を学ぶ

保育所保育指針には、受容的・応答的なかかわりに類似した言葉が繰り返し出てきます。人とかかわる力の基礎を育む乳幼児期の育ちにおいて、身近な大人が"受容的・応答的"にかかわることで、自分への肯定感や人への信頼感を育んでいきます。

ワークで確認したいこと

- 受容的なかかわりをしていくことが、子どもとの関係性の構築・信頼関係に影響することを体験する。
- 受容的・応答的なかかわりが、子どもの次の行動にどのように影響するかを考える。

ワークの進め方

① 2人組になり、子ども役・大人役を決めます。場面のシチュエーションを二人で読み上げて、イメージを共有します。

② 大人役は子ども役に向かって、"受容的なかかわりを意識しないセリフ"の中から一つ選んで、その場面をイメージしながら、なるべく感情を込めて伝えます（複数活用も可）。子ども役は子どもの目線になってその言葉を聞き、どんな気持ちになるのか感じ取り、書き出します（役割を交代して繰り返します）。

※個人で取り組む場合は、ワークシートを読み、「自分が言われたらどのような気持ちになるか」を考え、書き出してみましょう。

③ 次は"受容的なかかわりを意識したセリフ"です。大人役は子ども役に向かって、例の中からセリフを選ぶ・もしくは自分なりの言葉を考えて、その場面をイメージしながら言葉を伝えます。子ども役は子どもの目線になってその言葉を聞き、どんな気持ちになるのかを感じ取り、書き出します（役割を交代して繰り返します）。

④ テーマに沿ってディスカッションをします（個人で取り組む場合は、ワークを通じて「気づいたこと」を書き出してみましょう）。

ワーク **場面 1**

あなたは高校生です。夜の10時までには帰ると約束して、友だちと遊びに出かけました。友だちとの話が楽しくて時間が長引き、帰宅が10時30分になってしまいました。帰宅すると、親が次のような言い方をしてきました。

受容的なかかわりを意識しないセリフの例	子どものあなたの心の中はどんな感じ？
● いったい何時だと思っているの？ ● 10時に帰ってくるって約束だったよね？ ● この間も、約束の時間過ぎたよね？ ● いつも、いい加減だよね	

受容的なかかわりを意識したセリフの例	子どものあなたの心の中はどんな感じ？
● おかえり。楽しかった？　少し遅かったね。心配したよ ● ○○ちゃん（友達）、元気だった？　遅くなるなら連絡がほしかったな	

ワーク **場面 2**

あなたは小学生です。いつも算数の宿題を忘れてしまいます。実は、あまりわかっていないので、宿題をやる気が起こらないのです。今日も、算数の宿題をやらずに学校へ行き「忘れました」と言いました。先生は次のように言います。

受容的なかかわりを意識しないセリフの例	子どものあなたの心の中はどんな感じ？
● また忘れたの？ ● 昨日も忘れたよね。わざとじゃないの？ ● 家で勉強しないから、わからないんだよ ● やる気あるの？	

受容的なかかわりを意識したセリフの例	子どものあなたの心の中はどんな感じ？
● 忘れちゃったんだね。宿題はやってみて難しかったかな？ ● 忘れちゃったんだね。明日は持ってこられるように、あとで少し相談しようか？	

※子どもの気持ちをイメージしやすいように、学齢期を想定しています。

第1章　第2章　第3章

子ども役として体験とした受容的なかかわりについて、"意識した言葉"と"意識していない言葉"を比較してみましょう。感じ方、相手との気持ちの通い合い、相手に対する信頼等の違いや発見はありましたか？

受容的・応答的なかかわりにより、もし自分が子どもだったら次の行動がどのように変化するかを考えて、意見交換をしてみましょう。

※園内研修等を企画する方へ

- 大人数で行うときには①・②のペアを変えていくことで、職員間の交流が深まります。ディスカッションはペアのまま行ってもいいですし、2〜3組のペアを合わせて4人〜6人で行ってもいいです。現在のチームの雰囲気を考えて、話しやすい雰囲気、全員が話をすることを意識してアレンジしてください。
- 研修時間を設定することを負担に感じている場合は、どちらか一つ試してみるだけでもいいですし、参加者自身が場面を選ぶ方法でもいいでしょう。
- 乳幼児期に関する例題は、皆さん自身で作ってみたり、職員から募集してみると、より具体的に実践のイメージが深まっていきます。
- ディスカッションのテーマは時間に応じてどちらか一方を選んで行ってもいいです。繰り返し行う場合は別のテーマを設定する等、工夫してみてください。

コラム

受け止めるけど、受け入れない

　子どもがやりたいということを認めていたら好き勝手な状態になり、振り回されてしまう。すべての子どもの気持ちを尊重していたら、集団保育なんて無理。理想にすぎない。そんな意見が出てくることもありますね。

　子どもの気持ちを尊重することは、子どもの言っていることや行動をすべて受け入れることではありません。保育所保育指針では「一人一人の子どもが、周囲から主体として受け止められ」と養護に関するねらい及び内容に記載され、『受容的関わり』『応答的関わり』に類似した言葉が繰り返されています。

　例えば、「散歩から帰るとき『まだ帰らない！』と言われてしまい、一人には合わせられないので困る」というお悩み相談はよくあります。皆さんはどのように対応していますか。この場面を例に「受け止めるけど、受け入れない」を考えてみましょう。

① 「帰る時間！　もうみんな集まっているでしょ！」(気持ちを受け止めないし、やりたいことを受け入れない)。

② 「帰りたくないの？　じゃあ、帰らないでもっと遊びましょう (現実的ではないですが…)」(気持ちを受け止めるし、やりたいことを受け入れる)。

③ 「もう帰るよ！」と言いながらも「まだ遊ぶ〜」と言われて、どうしよう…どうしよう…迷っているうちに時間が過ぎてしまう (気持ちは受け止めていないけど、行動は受け入れている)。

④ 「まだ遊びたいんだね。そうね、楽しいね。楽しいからまた来ようね。楽しかったけど今日はもうおしまい。帰ろうね」(受け止めるけど、受け入れない)。

　まだ遊びたい意欲は尊いものです。子どものその気持ちは尊重し、気持ちを受け止めることで子どもの心の動きにも変化が生じます。

　集団生活の決まりや、生活習慣として身につけていく必要があることは日常の園生活の中にたくさんあります。また、社会的なルールを大人として子どもに伝えていく必要もあります。子どもの言うがままを受け入れることだけが「子どもの気持ちを尊重する」ということではないのです。

　みなさんも『受容的なかかわり』を探究し、極めてみませんか？❖

コンプリートセンテンスを
意識した話し方

乳幼児期は、1語文から2語文・3語文……と言葉の発達の過程にあります。子どもたちにとって、聞いていてわかりやすい話し方は、技術として磨いていくことができます。

ワークで確認したいこと

- 話し方によって、わかりやすさが違うことに気づく。

ワークの進め方

① 「コンプリートセンテンス」の意味を共通理解しましょう。下記の「コンプリートセンテンスとは」を読み合います。

② 5人程度のグループで、伝言ゲームに挑戦しましょう。研修担当者は、事前に問題文が参加者にわからないように、資料を工夫してください。1問目は、コンプリートセンテンスを意識しない文章、2問目は、コンプリートセンテンスを意識した文章にします。

③ コンプリートセンテンスに変換チャレンジ。例題の文章を、コンプリートセンテンスを意識して、書き直してみます。グループで取り組んでも、個人で取り組んで発表しあってもOKです。

④ テーマに沿って振り返り、ディスカッションします。

コンプリートセンテンスとは ⇒ 完成された文

例:『ももたろう』
- 昔々あるところに、おじいさんとおばあさんが住んでいて、ある日おじいさんは山へ芝刈りに、おばあさんは川へ洗濯に行きました(途中に読点が多く、つながっている文章)。
- 昔々のお話です。あるところに、おじいさんとおばあさんが住んでいました。ある日、おじいさんは山へ芝刈りに行きました。おばあさんは川へ洗濯に行きました(コンプリートセンテンスを意識した文章)。

ワーク　1 伝言ゲームで感じてみよう

① 電車の信号機の点検で、車両が止まって10分間の遅れが生じているため、今日の出勤時間に間に合いそうにないので、クラスの先生に伝えてください。
（※コンプリートセンテンスを意識していない文章）

② 今、園にバスで向かっています。途中交通事故がありました。通過するのに12分かかりました。お迎えの時間に遅れています。クラスの先生に伝えてください。
（※コンプリートセンテンスを意識した文章）
※個人で行う場合は、録音して聞いてみて、違いを確かめてください。

ワーク　2 コンプリートセンテンスを意識して文章を書き直してみよう

子どもへの問いかけなど言葉を追加したり、わかりやすさを意識して文章の順番を入れ替えたりすることもOKです。

① 今日は〇〇公園に散歩に行くから、今から散歩の準備をするんだけど、トイレに行って、帽子をかぶって靴下をはいて、自分で準備ができるかな。

② 外で遊んできた手にはバイ菌がたくさんついているから、保育園に帰ってきたらバイ菌をやっつけてくれる石けんで手を洗うと、おなかが痛くなったり、熱が出たりせずに元気に過ごすことができるんだよ。

コンプリートセンテンスを意識することで、"わかりやすさ"という視点ではどのような効果を感じましたか。気づいたこと・発見したことを話し合ってみましょう。

実際の保育場面を思い浮かべながら、どのような場面でどのように「コンプリートセンテンス」という技術を活用していきたいと思いますか。具体的な場面を出し合ってみましょう。

※園内研修等を企画する方へ

- コンプリートセンテンスは一つの技術です。具体的な話し方を工夫することで、話の組み立てを意識することにつながります。職員の皆さんに対して話をするとき、研修のガイドをするときにも役立ちます。
- 月案・週案・日誌でも、一文は短いほうが、伝わりやすいです。日常の他の業務にも役立ちます（日々の業務もトレーニングになります）。
- 人によっては、文章が途切れすぎると感じる人もいるかもしれません。そのような意見が出たときには、「これが正しいというわけではなく、日常の話し方を見直していく一つの方法」と説明しましょう。
- オリジナルの演習問題を考えて、より実践に活きる研修となるように工夫してみてください。

コラム

『始まりと終わり』『完了の確認』

　朝起きたら「おはようございます」。寝る前には「おやすみなさい」。食事の前には「いただきます」。食べ終えたら「ごちそうさまでした」。スポーツでも文化でも、始まりと終わりに挨拶があったり、合図があったりします。区切ることで生じるわかりやすさ、心地よさもあります。保育現場に長年携わる中で、「この先生の保育って素敵だな。私もこんなふうに実践したい」と学ばせてもらった出会いと経験がいくつもあります。

　その一つが、K先生の『始まりと終わり』です。

　K先生は集団に向かって話をするときは、「これからK先生がお話するね」と穏やかに話し始めます。話は一文一文が明確で全体的な長さも簡潔にまとまっていました。そして「これで、K先生の話は終わりです」と話をしめます。このスタイルで、子どもが話をよく聞くようになっていましたし、横で一緒に聞いていて、わかりやすいなと感じました。

　一人ひとりの子どもに話をするときは、「いま、お話してもいいかな」と語りかけ、「聞いてくれてありがとう」と話を終えます。一方的でない雰囲気に丁寧さを感じました。

　私は避難訓練などで話をする際に、K先生の話し方から学んだことを今でも実践しています。

　もう一つは、Y先生の"完了したね！"を表す『OK！』です。子：「ズボンはけたよ」先生：「OK！」。子：「シャツ着られたよ」先生：「OK！」。日常の中の小さな"完了"にニコニコしながら「OK！」と応答していきます。準備ができては「OK！」 片づけては「OK！」

　"完了"が明確ということは、次のことを始められる、次のことに移っていける心の準備につながります。「準備OK！　出発進行！」のように、リズミカルに言葉を楽しみながら生活が整っていきます。

　Y先生を尊敬しながら現場をともにする中で、知らず知らずのうちに「OK！」の口癖が私にもうつっていました（25年以上『完了のOK！』を使わせていただいています）。

　皆さんの職場にもきっと、素敵な言葉の習慣をもっている同僚・先輩・後輩がいます。"学ぶ"の語源は"まねぶ"＝"真似る"だといわれています。職場で出会う人の素敵な一面を発見し、真似してみることも、スキルアップにつながります。❖

"指示（伝える）"と"分かち合い

「やさしい言い方ばかりでは子どもに伝わらない」という悩みを聞くことがあります。私自身うまくいかなかったと感じるときは、"どうしたら伝わるだろう？"という視点が強くなっているときです。そんなときは「子どもと何を分かち合いたいのか？」と振り返ります。

例えば夕方の自由遊びの時間、ハサミを使っている横で走り回る子どもがいます。「走るなら園庭で遊んでいいよ」と言える保育設備や体制があればそれがベストです。しかし夕方はローテーション勤務で保育者は減り保護者対応も重なり、どうしても手薄になります。

- 「走るのやめよう」「座って遊べることを考えてみて」とやさしく伝えてもすぐに走る……。
- まだ体力あり余っているよね……と思ってそのままにしておくと、そのエネルギーに乗っかるように走る人数が増えて大騒ぎに……。これが自由の尊重かと迷う。
- 「走ったら危ない！」少し強めにハッキリと伝える。即効性がありその場をひとまず収めるためには有効。「外に出て行きなさい」など余計な言葉を付け足さなければ「不適切な保育」とまではならない。ただ言い続けなければならない状態になることがほとんど。

これらは言葉のやさしさには違いがありますが「伝えるか？」「伝えないか？」という視点のかかわりです。「分かち合う」という視点で考え、実践してみた方法を紹介します。

- **周囲の状況の分かち合い**⇒エスカレートする前に「走りたい気持ちはどんな感じ？」「え……？」「部屋の中を一緒に見てもらっていい？」「〇〇ちゃんは何している？」「△△している」など、周囲の状況を言葉で確認してもらえるようお願いしました。
- **周りの子の気持ちの分かち合い**⇒「もし△△しているとき周りを走る人がいたらどんな気持ちになる？」「嫌な気持ち」「〇〇ちゃんはどんな気持ちだったと思う？」「嫌な気持ち」
- **現在の可能な範囲の分かち合い**⇒「今の時間は外に行けないのだけど、どうしても走りたいかな？」「走るにはどうしたらいいだろう？」と一緒に考えてみます。
  子どもの反応の違いを、ぜひ想像してみてください。
  集団の人数が多くなり職員配置が少なくなる幼児の保育では、周囲の状況や、周りの子の気持ち、時と場合の可能な範囲など、一つひとつ分かち合い、折り合いをつけていくことが、社会性の育ちの土台になっていくのではないかと感じます（子どもがのめり込める遊びを見つける環境の工夫も大切です）。◆

おわりに

　本書の執筆中にも、子どもに暴行を加え保育士が逮捕されるという報道がありました。「イライラしてしまった」という暴行の動機に対して、「感情的に保育をしてはいけない」というのがもっともな指摘でしょう。しかし、きっと本人が望んだ結果ではない、そこに至ってしまった背景はなんだろう……そんなふうに思ってしまいます。

　不適切保育は禁止すればなくなるものではありません。よくないとわかっていながらも、きっと葛藤しながら今日も現場に立っている保育者がいるはずです。どうしたら改善できるのかとヤキモキしている同僚や主任・園長もたくさんいることでしょう。保育者個人のスキルアップだけではなく、園の文化を変えていくこと、組織として取り組むことは容易ではありません。そもそも補助金の仕組みや保育士不足、待遇面の改善が必要だという側面もあるでしょう。

　そんな中でも、子どもたちの豊かな育ちを支えたいとこの本を手に取って下さった読者の皆さまに、すぐに取り組める改善のヒントを届けたいという思いで作成しました。

　本書の作成中、自園の保育者の声かけを聞き、不適切保育をしているわけではなくとも、肯定的な言い方に替えられそうな言葉が飛び交っていたり、最後にもうひと遊びしたらもっと気持ちよく終わりにできるのに、と思うような場面に出会ったりしました。不適切保育からの脱却だけではなく、より良い保育を目指す保育者のスキルアップとしても本書を活用していただけるように思っています。

　最後に、本書の作成に協力してくださった多くの保育関係者のみなさま、出版の機会をくださった中央法規出版第1編集部の平林敦史さま、そしてこの本を手に取ってくだった読者のみなさまに、心より感謝申し上げます。

こどもの王国保育園　西池袋園

園長　菊地奈津美

●編著者

菊地奈津美（きくち・なつみ）…第2章スキル1〜7、9

こどもの王国保育園 西池袋園園長。東京学芸大学芸の森保育園で主任保育士兼研究員として勤務。2017年にこどもの王国保育園を設立、現在に至る。YouTubeチャンネル「ちょび園長の保育・子育て応援TV」にて保育の情報を発信中。著書に『保育のあるあるなお悩みを一気に解決!0・1・2歳児担任のためのお仕事Q&A 』（明治図書）、『楽しみながら成長できる保育リーダーの教科書』（中央法規出版）、『言葉かけから見直す「不適切な保育」脱却のススメ　保育者の意識改革と園としての取り組み』（編著、中央法規出版）がある。

河合清美（かわい・きよみ）…第1章、第2章スキル8、10、第3章

NPO法人こども発達実践協議会代表理事、東京都認可保育園園長、星美学園短期大学特別講師。2016年、保護者と保育士に向けたサポートや学びの機会づくりをすべくNPO法人こども発達実践協議会を設立し、代表理事となる。現在は、東京都認可園園長を務めながら、豊富な現場経験を活かして保育実践や保育士コミュニケーション研修の講師として登壇している。著書に『言葉かけから見直す「不適切な保育」脱却のススメ　保育者の意識改革と園としての取り組み』（編著、中央法規出版）がある。

10のスキルで防ぐ！「不適切保育」脱却ハンドブック
園で役立つ知識とあの手・この手

2024年9月1日　発行

著　　者	菊地奈津美、河合清美
発 行 者	荘村明彦
発 行 所	中央法規出版株式会社
	〒110-0016　東京都台東区台東3-29-1 中央法規ビル
	Tel 03（6387）3196
	https://www.chuohoki.co.jp/
印刷・製本	株式会社ルナテック
装丁・本文	Boogie Design
本文マンガ	オキエイコ
カバーイラスト	ひのあけみ

定価はカバーに表示してあります。
ISBN978-4-8243-0116-1

本書の内容に関するご質問については、下記URLから「お問い合わせフォーム」にご入力いただきますようお願いいたします。
https://www.chuohoki.co.jp/contact/

関連書籍のご案内

言葉かけから見直す「不適切な保育」脱却のススメ
保育者の意識改革と園としての取り組み

菊地奈津美・河合清美 編著

【目次】

第1章　実は身近な「不適切な保育」

第2章　言葉かけから始まる「不適切な保育」が
　　　　子どもにおよぼす影響

第3章　「不適切な保育」をなくすために

第4章　それでも「不適切な保育」が起こったら？

2023年9月発行
ISBN978-4-8058-8929-9
定価 本体2,000円（税別）

事例とワークで考える
こどもの権利を大切にする保育

関山浩司 著

【目次】

第1章　こどもの権利を大切にする保育とは

第2章　こどもの権利に関する法律などを知ろう

第3章　こどもの権利から不適切な保育を考えてみよう

第4章　保育者が身につけたいこどもの権利を大切にするスキル

第5章　園でできるこどもの権利を大切にする取り組み

2024年1月発行
ISBN978-4-8058-8983-1
定価 本体2,200円（税別）